C.H.BECK ■ WISSEN

Das Ziel von Klimapolitik besteht darin, die Folgen des Klimawandels zu begrenzen. Kaum ein Politikbereich ist so sehr abhängig von der Wissenschaft. Das hat auch einen Vorteil: Wissenschaftliche Erkenntnisse kann man nicht mit einem bloßen Machtwort manipulieren. Regierungen können in der Debatte mit der Wissenschaft nicht mehr ausschließlich auf Macht und Interesse rekurrieren, sondern müssen sich auf Wahrheit, Objektivität, Fakten und Werte beziehen. Noch hat die Menschheit wenig Erfahrung mit der gerechten und effizienten Nutzung globaler Gemeinschaftsgüter. Daher kommt der Klimapolitik eine besondere Bedeutung zu, denn sie hat für die internationale Kooperation auf vielen Feldern eine Vorbildfunktion.

Prof. Dr. Ottmar Edenhofer ist Lehrstuhlinhaber für die Ökonomie des Klimawandels an der TU Berlin, Direktor und Chefökonom am Potsdam-Institut für Klimafolgenforschung und Direktor des Mercator Research Institute on Global Commons and Climate Change (MCC). Von 2008 bis 2015 war er einer der Vorsitzenden des Weltklimarates (IPCC). Unter seiner Leitung entstand der IPCC-Sonderbericht zu erneuerbaren Energien und der Vermeidung des Klimawandels (SRREN) sowie der Fünfte Sachstandsbericht «Climate Change 2014: Mitigation of Climate Change» des Weltklimarates. Bei C.H.Beck ist von ihm als Mitherausgeber lieferbar: *Global, aber gerecht. Klimawandel bekämpfen, Entwicklung ermöglichen* (2000).

Dr. Michael Jakob arbeitet am Mercator Research Institute for Global Commons and Climate Change (MCC) mit den Forschungsschwerpunkten Klimapolitik in Entwicklungsländern, Infrastrukturpolitik sowie Wirtschaftswachstum.

Ottmar Edenhofer/Michael Jakob

KLIMAPOLITIK

Ziele, Konflikte, Lösungen

C.H.Beck

Mit 14 Abbildungen und 2 Tabellen

Die erste Auflage dieses Buches erschien 2017.

Für Annette, Sarah und Jacob (OE)
Für Evelyn, Hans, Rike und Milo (MJ)

2., aktualisierte und erweiterte Auflage. 2019

Originalausgabe
© Verlag C.H.Beck oHG, München 2017
www.chbeck.de
Satz: C.H.Beck.Media.Solutions, Nördlingen
Druck und Bindung: Druckerei C.H.Beck, Nördlingen
Reihengestaltung Umschlag: Uwe Göbel (Original 1995, mit Logo),
Marion Blomeyer (Überarbeitung 2018)
Umschlagabbildung: Sonnenprotuberanz, © IAM/akg-images
Printed in Germany
ISBN 978 3 406 73615 5

myclimate
klimaneutral produziert
www.chbeck.de/nachhaltig

Inhalt

Vorwort

Dieses Buch bietet eine knappe Übersicht über die Klimapolitik. Es will den Leser in die daraus erwachsenden Konflikte und die Möglichkeiten ihrer Überwindung einführen. Unser Ziel ist es, den aktuellen Stand der Forschung in allgemein verständlicher Sprache darzustellen, ohne dabei die komplexen Zusammenhänge, die es zur Vermeidung des Klimawandels zu berücksichtigen gilt, so zu vereinfachen, dass sie den Eindruck falscher Sicherheit erwecken. Die Kolleginnen und Kollegen am Mercator Research Institute on Global Commons and Climate Change (MCC) und am Potsdam-Institut für Klimafolgenforschung (PIK) haben uns durch ihre Forschungen und in vielen produktiven Diskussionen geholfen, das Problem der Klimapolitik besser zu verstehen. Die Arbeit mit vielen Forschern weltweit, vor allem mit den Autorinnen und Autoren des Intergovernmental Panel on Climate Change (IPCC), haben unsere Argumente geschärft und uns ermöglicht, die Grenzen unserer eigenen Expertise zu überschreiten. Die Fehler des Buches gehen zu unseren Lasten. Die Begegnung mit Menschen, die schon heute an den Folgen des Klimawandels, unter schlechten Regierungen und unter wuchernder Korruption leiden, hat uns motiviert, dieses Buch zu schreiben.

Zur Entstehung dieses Buchs haben zahlreiche Kollegen durch inhaltliche und stilistische Vorschläge beigetragen. Hierfür danken wir Annette und Jacob Edenhofer, Christian Flachsland, Sabine Fuss, Lion Hirth, Brigitte Knopf, Nicolas Koch, Ulrike Kornek, Fabian Löhe, Jan Minx, Michael Pahle und Rike Schweizer. Wir danken Susanne Stundner für gründliches Korrekturlesen und Kay Schröder für die Erstellung der Abbildungen.

Vorwort zur 2. Auflage

Die 2. Auflage musste angesichts der Entwicklungen der vergangenen beiden Jahre erweitert werden: Der Weltklimarat veröffentlichte seinen Sonderbericht zur 1,5 °C-Grenze im Oktober 2018. Die EU unternahm den Versuch, den europäischen Emissionshandel zu reformieren, und hat ambitionierte Maßnahmen für die Verkehrs-, Landwirtschafts- und Gebäudesektoren beschlossen. Diese Entscheidungen der EU beeinflussen die Debatte um das Klimaschutzgesetz in Deutschland; man wird sehen, welche Dynamik die europäischen Beschlüsse in Deutschland entfalten werden. Die Klimakonferenz in Polen verfasste im Dezember 2018 ein sicherlich notwendiges Regelbuch. Angesichts der steigenden weltweiten Emissionen nährt dies jedoch kaum die Hoffnung, die Weltgemeinschaft könnte die klimapolitische Wende bald herbeiführen. Im Januar 2019 hat die «Kohlekommission» ihre Empfehlungen für die Bundesregierung verabschiedet, die das Erreichen der klimapolitischen Ziele bis 2030 ebenso sichern sollten wie einen sozial abgefederten Ausstieg aus der Kohlenutzung. Der vorgelegte Kompromiss der Kommission ist umstritten, und die Frage, ob damit ein klimapolitischer Fortschritt erzielt wurde, bleibt offen. Für die Menschen in Deutschland ist durch den Sommer 2018 die «Heißzeit» greifbar und erfahrbar geworden. Die Freitagsproteste der Schüler legen ein beredtes Zeugnis für die Ungeduld derer ab, deren Zukunft auf dem Spiel steht. Die Demonstrationen in Frankreich, ausgelöst durch steigende Benzinpreise, zeigen, welches Protestpotential eine ehrgeizige Klimapolitik birgt, die die Fragen des sozialen Ausgleichs vernachlässigt. Man mag diese Konflikte als bedrohlich empfinden. In jedem Fall zeigen sie jedoch, dass um die Umsetzung ambitionierter Klimapolitik gerungen wird. Insofern sind diese Konflikte ein gutes Zeichen: Die leidenschaftliche Debatte um den richtigen Weg ist allemal besser als das unproduktive und gefährliche Verharren im Status quo. Wieder haben uns Kollegen geholfen, diese Auflage fertigzustellen. Gemeinsam mit Brigitte Knopf, Christian Flachsland und Michael Pahle haben wir die Diskussion über die Instrumente der Klimapolitik vorangetrieben; Martin Kowarsch lieferte hilfreiche Anregungen zu unterschiedlichen klimapolitischen Narrativen; Gunnar Luderer unterstützte uns mit Szenario-Daten; Kay Schröder hat neue Abbildungen erstellt, und Susanne Stundner hat das Manuskript korrigiert, redigiert und um Fehler bereinigt. Wir widmen das Buch unseren Familien, vor allem unseren Kindern, die uns heute schon fragen, warum wir unserer Verantwortung so wenig gerecht werden.

Wie dieses Buch aufgebaut ist

Hitzetote in Pakistan, Überschwemmungen in Russland, verheerende Waldbrände in Kalifornien, schmelzende Gletscher, Ernteverluste und der Jahrhundertsommer im Jahr 2018, einem der wärmsten Jahre seit dem Beginn der Klimaaufzeichnungen: Das sind schon heute erste Anzeichen des Klimawandels. Selbst wenn sich kein einzelnes dieser Ereignisse mit Sicherheit auf die globale Klimaveränderung zurückführen lässt, wird doch ihr Auftreten mit dem Anstieg der globalen Mitteltemperatur sehr viel wahrscheinlicher. Die globale Erwärmung ist zu einem großen Teil auf die Verbrennung von Kohle, Öl und Gas zurückzuführen. Das Ziel der Klimapolitik lässt sich daher klar formulieren: Die Nutzung der fossilen Energieträger muss begrenzt werden, um die Folgen des Klimawandels abzumildern. Der Weltklimarat (Intergovernmental Panel on Climate Change, IPCC) hat in einem dreißigjährigen Indizienprozess nachgewiesen, dass wir durch die Verbrennung der fossilen Energieträger, andere Treibhausgasemissionen und durch die Abholzung der Wälder bereits heute für einen Temperaturanstieg von ungefähr 1 °C verantwortlich sind. Die Menschheit muss sich daher Rechenschaft darüber ablegen, in welchem Umfang sie den zukünftigen Klimawandel begrenzen kann und will.

Dieser Frage widmet sich unser Buch. Es bietet eine Übersicht über die Ziele der Klimapolitik, zeigt Konfliktlinien in der wissenschaftlichen Analyse auf und diskutiert Lösungsansätze. Es unterscheidet sich damit von den naturwissenschaftlichen Einführungen in den Klimawandel. Wir zeigen, nach welchen Kriterien man entscheiden kann, wie viel Klimaschutz betrieben wird, welche Technologien dabei zum Zuge kommen und welcher Politiken es bedarf. Daher sprechen wir in diesem Buch nicht nur von Fakten, sondern gleichermaßen von Werten.

In Kapitel 1 wird erklärt, warum es einer ambitionierten Klimapolitik bedarf und wie sie gerechtfertigt werden kann. Was ist unter gefährlichem Klimawandel zu verstehen, und welche Optionen stehen uns zur Verfügung, um diesen abzuwenden? In der Klimapolitik muss das Risiko gefährlichen Klimawandels abgewogen werden gegen die Risiken der Emissionsvermeidung. Das Konzept der klimapolitischen Wette zeigt, dass Klimapolitik Risikomanagement ist und gerade aus diesen Gründen eine ambitionierte Klimapolitik gerechtfertigt werden kann. Das erste Kapitel will in dieses Entscheidungsproblem der Klimapolitik einführen.

Eine Bestandsaufnahme der Klimapolitik wird in Kapitel 2 vorgelegt. Diesen Status quo vergleichen wir mit den klimapolitischen Zielen, wie sie in Paris vereinbart wurden, um daraus den zukünftigen Handlungsbedarf abzuleiten. Zur Überbrückung der Kluft zwischen einem Szenario ohne Klimaschutzmaßnahmen und dem, was geschehen müsste, um gefährlichen Klimawandel abzuwenden, bedarf es eines grundlegenden Umbaus des Energiesystems und der Landnutzung.

Dieser Umbau kann jedoch nur gelingen, wenn auch die Fundamente von Wirtschaft und Gesellschaft erneuert werden. Damit setzen wir uns in Kapitel 3 auseinander. Dabei geht es vor allem um Technologien, Risiken und Kosten der Emissionsvermeidung. Wir zeigen, dass es nicht die Welt kostet, den Planeten zu retten, und sich daher eine ambitionierte Klimapolitik begründen lässt. Auch wenn die Kosten des Klimaschutzes tragbar sind, sind die politischen Herausforderungen dennoch gewaltig.

Kapitel 4 skizziert, wie die internationale und die nationale Klimapolitik ausgestaltet werden kann. Wir erklären, warum es so schwierig ist, ein internationales Abkommen abzuschließen, und welchen klimapolitischen Handlungsspielraum Nationalstaaten haben. Zusätzlich werden Wege aus der Sackgasse aufgezeigt, in die sich die europäische und die deutsche Klimapolitik manövriert hat.

Die internationale Klimapolitik hat sich im Weltklimarat ein einzigartiges Gremium geschaffen, das für ihre Agenda von fundamentaler Bedeutung ist. Das ist Grund genug, diese Institution und die Rolle der Wissenschaft in der Politikberatung im letzten Kapitel darzustellen.

Wir verzichten im Text auf Literaturangaben, da die wissenschaftliche Literatur in den letzten Jahren explosionsartig gewachsen ist. Eine Diskussion der relevanten Literatur ist daher in diesem Überblick nicht möglich und soll auch gar nicht versucht werden. Der Leser findet im Literaturanhang Angaben zu weiteren Einführungen in die Thematik, zu Überblicksaufsätzen, aber auch zu wichtigen Aufsätzen der Fachliteratur, die eine weitere Orientierung ermöglichen sollen.

1. Das Klimaproblem und die Klimapolitik

Welche Risiken birgt der Klimawandel?

Die Ozeane, die Atmosphäre, die Böden und die Wälder sind Lagerstätten für Treibhausgase – man nennt sie auch globale Senken. Treibhausgase, die in die Atmosphäre abgelagert werden, haben dort eine Verweildauer von Tausenden von Jahren. Daher füllen sich diese Lagerstätten von Jahr zu Jahr, weil der Bestand der Treibhausgase zunimmt. Je höher dieser Lagerbestand ist, desto höher ist auch die Konzentration von Treibhausgasen in der Atmosphäre. Vor der Industriellen Revolution lag die Treibhausgaskonzentration noch bei etwa 280 ppm. Die Abkürzung «ppm» steht für «parts per million», also die Anzahl an Treibhausgasmolekülen in einer Million Moleküle in der Atmosphäre. Diese Konzentration ist durch die Verbrennung fossiler Rohstoffe, Entwaldung, Landnutzung und industrielle Prozesse stetig gestiegen, derzeit beträgt sie etwa 400 ppm.

Die erhöhte Konzentration der Treibhausgase verändert den Strahlungshaushalt der Erde. Das von der Erde reflektierte Sonnenlicht verbleibt verstärkt in Form von Wärme in der Atmosphäre, so dass sich die globale Mitteltemperatur erhöht. Auch lokale klimatische Bedingungen sind von diesem Anstieg betroffen, ebenso der Wärmetransport über die Zirkulation von Luft und Wasser.

Der Anstieg der globalen Mitteltemperatur birgt beträchtliche Risiken für die Lebensbedingungen auf der Erde. Da die zukünftigen Folgen des Klimawandels nicht mit Sicherheit vorhergesagt werden können, hat der Weltklimarat die Klimafolgen in Risikoklassen eingeteilt, genannt «reasons for concern». Abbildung 1 zeigt die mit dem Anstieg der globalen Mitteltemperatur verbundenen Risiken. In die erste Klasse fallen Risiken etwa für Korallenriffe und die Ökosysteme der Arktis, die bereits bei einem Temperaturanstieg von 1,5 °C bedroht sind. Die

Zusätzliche Risiken durch Klimawandel

| Nicht feststellbar | Gering | Hoch | Sehr hoch |

**Abb. 1: Anstieg der globalen Mitteltemperatur und die damit
verbundenen Risiken. Quelle: IPCC (2014a)**

Häufigkeit und Intensität von Hitzewellen und tropischen Stürmen wird in einer zweiten Risikoklasse analysiert. Die Verteilung der Risiken über Regionen und Einkommensklassen werden in der dritten, die ökonomischen Schäden für die Weltwirtschaft in der vierten Klasse zusammengefasst. Großskalige singuläre Ereignisse für den gesamten Planeten sind etwa der Verlust der polaren Eisschilde. Ihre Wahrscheinlichkeit mag vielleicht gering sein, kann aber mit irreversiblen und drastischen Auswirkungen einhergehen. Es ist bislang unklar, bei welchem Temperaturanstieg mit großskaligen, abrupten und irreversiblen Änderungen im Erdsystem zu rechnen ist. Aber bereits ein Temperaturanstieg von 1,5 °C könnte zum praktisch vollständigen Abschmelzen des Grönländischen Eisschildes führen. Die Freisetzung von Methan, das im Permafrost gebunden ist, würde den Klimawandel womöglich weiter beschleunigen. Korallenriffe in warmen Regionen und das arktische Ökosystem zeigen bereits deutliche Beeinträchtigungen und könnten bereits bei einem Anstieg von 1,5 °C vollständig verschwinden. Der 1,5 °C-Bericht des IPCC hat deutlich gemacht, dass angesichts dieser Klimafolgen eine Begrenzung des Anstiegs der globalen Mitteltemperatur dringend geboten wäre.

Die Risikoeinschätzungen in Abbildung 1 beruhen auf Expertenmeinungen. Sie gründen sowohl auf der Kenntnis der biophysikalischen Folgen des Klimawandels als auch auf der subjektiven Einschätzung der damit einhergehenden Gefahren und Schäden. Diese Übersetzung von biophysikalischen Wirkungen in Schäden ist unvermeidbar, wenn die Klimafolgen für politische Entscheidungssituationen aufbereitet werden sollen. Entscheidungsträger können sich nur dann mit der Abwehr von Gefahren beschäftigen, wenn diese als solche beschrieben und grundsätzlich vermieden werden können.

So illustriert Abbildung 1, welche Risiken der bereits beobachtete Temperaturanstieg von ca. 1 °C gegenüber dem vorindustriellen Niveau mit sich bringen könnte: Veränderte Niederschläge schmälern in vielen Regionen die landwirtschaftlichen Erträge. Die zunehmende Erwärmung und Versauerung der Ozeane beeinträchtigt Meeresorganismen und bedroht damit die Lebensgrundlage vieler Menschen (z.B. die Fischerei). Die Störung des Wasserkreislaufes vermindert die Qualität und Quantität der verfügbaren Wasserressourcen.

Findet die globale Gemeinschaft keinen Weg in eine weltweite, gemeinsame Klimapolitik, ist ein Anstieg der globalen Mitteltemperatur bis 2100 um 3,5 °C bis 5 °C wahrscheinlich. Diese Abschätzung beruht auf mehr als 400 computergestützten Szenarien internationaler Forschergruppen, die der Weltklimarat zusammengestellt hat. Diese Szenarien gehen davon aus, dass es zu keiner ausreichend ambitionierten Klimapolitik kommt. Sie treffen zugleich unterschiedliche Annahmen über Bevölkerungs-, Wirtschafts- und Technologieentwicklungen, die es erlauben, eine Zukunft ohne Klimapolitik auszuloten.

Mit welchen Gefahren ist in einer Welt zu rechnen, in der die globale Mitteltemperatur 4 °C oder mehr über dem vorindustriellen Niveau liegen wird? Die Zerstörung von Ökosystemen, Artensterben, ein Einbruch der weltweiten Nahrungsmittelproduktion sowie sinkende Arbeitsproduktivität aufgrund hoher Temperaturen und zunehmender Luftfeuchtigkeit in tropischen Ländern werden wahrscheinlicher. Der Klimawandel dürfte auch unmittelbare Folgen für den Menschen haben. So zeigt eine aktuelle Untersuchung, dass der medizinisch-technische Fortschritt durch den Klimawandel teilweise zunichtegemacht werden könnte. Dieser führt demnach nicht nur zu mehr Herz-Kreislauf-Erkrankungen wie etwa Herzinfarkten, sondern erschwert den Zugang zu sauberem Wasser, verknappt Nahrungsmittel und fördert die Ausbreitung von Krankheitsüberträgern, die vor allem Menschen in armen Ländern schädigen werden. Die Begrenzung des Klimawandels wird daher von vielen Experten als die größte Herausforderung für die Gesundheitspolitik im 21. Jahrhundert bezeichnet.

Was ist mit der Vermeidung gefährlichen Klimawandels gemeint?

Welcher Temperaturanstieg für die Menschheit verkraftbar ist, kann nicht allein aufgrund der naturwissenschaftlichen Klimafolgenforschung entschieden werden, denn Menschen und Gesellschaften können sich bis zu einem gewissen Grad an den Klimawandel anpassen. Anpassungsstrategien sind vor allem kurz- und mittelfristig wirksam: Bewässerungssysteme, höhere Deiche, Küstenschutz und eine widerstandsfähigere Infrastruktur sind nur einige Beispiele dafür. Die Wirksamkeit solcher Maßnahmen lässt sich nur schwer voraussagen, da die Folgen des Klimawandels diese Anpassungsleistungen zunichtemachen können. Es ist daher plausibel, dass bei einem ungebremsten Klimawandel in vielen Regionen der Welt zunächst die Kosten der Anpassung steigen und schließlich deren Grenzen erreicht werden.

Für kleine Inselstaaten oder für die Bewohner der Arktis könnte der Handlungsspielraum schnell erschöpft sein. In heißen Regionen könnte die Arbeit auf dem Bau oder in der Landwirtschaft so unerträglich werden, dass die betroffenen Menschen in die gemäßigteren Zonen überzusiedeln versuchen, um dort eine einträglichere Beschäftigung zu finden. Zwar wird immer wieder behauptet, dass sich beispielsweise Bauern an den Klimawandel auch ohne staatliche Intervention anpassen können, indem sie sich gegen Ernteausfälle versichern oder auf resistentes Saatgut setzen. Auch mag es noch relativ einfach sein, einen Meeresspiegelanstieg von 20 oder 30 cm zu verkraften. Steigt dieser aber um mehrere Meter, helfen wohl keine Dämme mehr; dann müssten ganze Städte umgesiedelt werden. Gerade für viele Megastädte, die am Meer liegen, besteht diese Option jedoch nicht. Es ist auch unwahrscheinlich, dass Pflanzen wie Reis, Mais oder Weizen, die für die Welternährung entscheidend sind, noch ausreichende Erträge liefern, wenn die globale Mitteltemperatur um mehr als 4 °C steigt. Diese Beispiele zeigen, dass die Grenzen der Anpassung selbst für effiziente Stadtregierungen, findige Bauern und kluge Versicherungsunternehmen schnell erreicht sein können. Es wäre daher fahrlässig, würde die Weltgemeinschaft eine ambitionierte Klimapolitik unterlassen, weil sie glaubte, Anpassung sei einfacher und billiger als Vermeidung. Anpassung wird Vermeidung ergänzen müssen – ein Ersatz kann sie nicht sein.

Da sich die Grenzen konventioneller Anpassungsmaßnahmen nicht eindeutig bestimmen lassen, wird über Alternativen dazu diskutiert. Denkbar wäre etwa bei fortschreitender globaler Erwärmung der Einsatz von Technologien, mit deren Hilfe der Strahlungshaushalt der Erde durch Abschirmung einfallenden Lichts direkt gesteuert und der Planet damit abgekühlt werden kann. Ein Beispiel hierfür ist das Einbringen von Rußpartikeln in obere Schichten der Atmosphäre. Ganz zu schweigen davon, dass sich derartige Technologien bislang noch nicht in großem Maßstab anwenden lassen, sind sie auch mit beträchtlichen Risiken behaftet, die wir in Kapitel 3 ausführlicher diskutieren. Es wäre daher unvernünftig, sich lediglich auf «Geo-Engineering» zu verlassen und auf die Verminderung von Emissionen zur Reduktion der Erderwärmung zu verzichten.

Selbst eine starke Verminderung der Treibhausgasemissionen kann das Risiko gefährlichen Klimawandels nicht auf null reduzieren – sie kann jedoch die Risiken entscheidend vermindern. Daher hat sich die internationale Gemeinschaft in der Klimarahmenkonvention der Vereinten Nationen (United Nations Framework Convention on Climate Change, UNFCCC) darauf verständigt, den Anstieg der globalen Mitteltemperatur auf maximal 2 °C gegenüber dem vorindustriellen Niveau zu begrenzen. Das im Dezember 2015 in Paris formulierte UNFCCC-Klimaabkommen geht sogar über dieses Ziel hinaus, indem es die Möglichkeit anstrebt, die Schranke bei 1,5 °C zu schließen.

Eine ambitionierte Politik der Emissionsvermeidung bringt allerdings auch Kosten mit sich, da emissionsarme Energiequellen meist teurer sind als herkömmliche fossile Energieträger. Aus diesem Grund stellt sich die Frage, ob und wie sich Emissionsminderungen ökonomisch rechtfertigen lassen.

Internationale Klimapolitik als Wette

Wie im vorherigen Abschnitt diskutiert, lassen sich die langfristigen Auswirkungen des Klimawandels nicht genau vorhersagen. Vielmehr spricht man von möglichen Risiken und der Wahrscheinlichkeit ihres Eintretens. Eine rationale Klimapolitik wird also die möglichen Auswirkungen des gefährlichen Klimawandels den Kosten der Emissionsreduktion gegenüberstellen müssen. Wie soll diesen in einem vernünftigen Entscheidungskalkül Rechnung getragen werden? Die politischen Entscheidungsträger gehen eine Wette ein, wenn sie sich für eine ambitionierte Klimapolitik entscheiden. Die explizite Formulierung dieser Wette zeigt, was die Befürworter und die Gegner einer Klimapolitik voraussetzen müssen, damit ihre Politik vernünftig ist. Die gegenwärtige Debatte und vor allem die wissenschaftlichen Fakten lassen sich damit besser einschätzen und bewerten.

Wir gehen davon aus, dass die Menschheit zwei Handlungsoptionen hat: entweder eine ambitionierte Klimapolitik oder aber keine Klimapolitik zu betreiben. Die Menschheit ist mit

zwei möglichen Zuständen des Klimasystems konfrontiert –
entweder würde ungebremster Klimawandel gefährliche Auswirkungen haben, oder aber er wäre harmlos. Diesen beiden
Zuständen ordnen wir die Wahrscheinlichkeiten p und 1–p zu
(siehe Abbildung 2).

Im ersten Fall entstehen ohne Klimapolitik langfristige und
irreversible Schäden (V), selbst mit optimalen Anpassungsmaßnahmen. Mit einer ambitionierten Klimapolitik werden die
Schäden des Klimawandels hingegen auf das Niveau E begrenzt.
Im zweiten Fall würde es selbst ohne Klimapolitik nur zu einem
harmlosen Klimawandel kommen, ohne dass dabei nennens-
werte Schäden auftreten. In beiden Fällen führt Klimapolitik zu
kurzfristigen Kosten (C). Wenn die Vermeidung von Emissionen Kosten verursacht, dann ist das Vorzeichen positiv. Es ist
sogar denkbar, dass das Vorzeichen negativ ist und ein Netto-
nutzen durch Emissionsminderung entsteht (also negative Kosten). Letzteres wäre der Fall, wenn beispielsweise die Kosten
des Umbaus des Energiesystems durch die Verringerung der lokalen Luftverschmutzung aufgewogen würden. In diesem Fall
ließe sich das Klimaproblem wahrscheinlich relativ einfach lösen. Diese Hoffnung hat sich allerdings bislang nicht erfüllt,
und wir müssen davon ausgehen, dass der Umbau des Energiesystems Kosten verursacht.

Die Entscheidungsträger wählen vernünftigerweise jene Option, die die geringsten zu erwartenden Kosten mit sich bringt.
Die Wahrscheinlichkeit für gefährlichen Klimawandel ist zunächst eine Einschätzung der Entscheidungsträger. Nichthan-
deln würde zu erwarteten Kosten von p·V führen, Klimaschutz
hingegen zu Kosten von C+p·E. Der risikoneutrale Entscheidungsträger würde sich also genau dann für einen ambitionierten Klimaschutz entscheiden, wenn p > C / (V–E).[*] Diese Formel

---

[*] Im Falle des Nichthandelns würden die Schäden V mit einer Wahrscheinlichkeit von
p eintreten, so dass sich erwartete Schäden von p·V ergeben. Im Falle des Handelns
fallen Kosten von C mit Sicherheit an, sowie geringere Schäden von E mit Wahrscheinlichkeit p. Hieraus ergeben sich dann erwartete Gesamtkosten von C+p·E. Der risikoneutrale Entscheidungsträger wird sich also für Klimapolitik aussprechen, wenn die
erwarteten Kosten C+p·E kleiner sind als die erwarteten Kosten ungebremsten Klimawandels von p·V.

	Gefährlicher Klimawandel Wahrscheinlichkeit p	Harmloser Klimawandel Wahrscheinlichkeit 1–p
Ambitionierte Klimapolitik	Geringe Schäden (E) + Minderungskosten (C)	Minderungskosten (C)
Keine Klimapolitik	Hohe Schäden (V)	Weder Kosten noch Schäden (0)

Abb. 2: Die klimapolitische Wette anhand gesellschaftlicher Kosten unter verschiedenen Handlungsoptionen und Auswirkungen des Klimawandels.

zeigt, dass ein ambitionierter Klimaschutz umso eher unternommen wird, je größer die Wahrscheinlichkeit des gefährlichen Klimawandels ist, je schwerwiegender die verursachten Schäden des Klimawandels sind, je mehr Schäden durch eine Verminderung der Emissionen vermieden werden können und je geringer die Kosten des Klimaschutzes sind. Selbst bei geringer Wahrscheinlichkeit des gefährlichen Klimawandels wäre eine ambitionierte Klimapolitik auch dann rational, wenn die Kosten niedrig sind oder die Schäden des Klimawandels durch eine ambitionierte Klimapolitik deutlich vermindert werden können.

Dieses einfache Entscheidungskalkül ist in Wirklichkeit deutlich komplexer. So könnte man argumentieren, dass potentiell katastrophale Schäden höher gewichtet werden sollten, selbst wenn diese nur eine sehr kleine Eintrittswahrscheinlichkeit aufweisen. Auch stellt die Bewertung der Zukunft ein ethisches Problem dar, weil die Frage geklärt werden muss, ob alle Generationen gleich behandelt werden sollen. Wenn nachfolgende Generationen mit den künftigen Klimaschäden leichter fertig werden, weil sie reicher sind als die heutige Generation, wäre es vertretbar, dass die heutige Generation nicht die gesamte Last des Klimaschutzes tragen muss. Diesen Sachverhalt kann man in das Kalkül dadurch einbeziehen, dass langfristige Schäden weniger gewichtet werden als die kurzfristigen. Man spricht auch davon, dass die Schäden abdiskontiert werden. Je stärker diese Abdiskontierung ausfällt, desto geringer werden die eventuellen Schäden für künftige Generationen gewichtet. Auch müssten mögliche Risiken einer Politik der ambitionierten Emissionsvermeidung, die wir in Kapitel 3 diskutieren, mit einbezogen werden. Das Entscheidungskalkül würde dadurch komplizierter werden, an der Grundstruktur änderte sich jedoch wenig.

Wer gegen eine ambitionierte Klimapolitik argumentiert, müsste somit zweierlei zeigen: Erstens wäre der empirische Nachweis zu führen, dass die Kosten und Risiken des Umbaus zu hoch im Vergleich zu den vermiedenen Klimaschäden sind; oder aber es müsste normativ begründet werden, warum kommenden Generationen kein großes Gewicht beigemessen werden soll. Wer hingegen für eine ambitionierte Klimapolitik argumentiert, müsste zeigen, dass die Kosten und Risiken des Klimaschutzes gegenüber den Schäden eines ungebremsten Klimawandels gering sind. Selbst hohe Diskontraten, sofern sie sich ethisch überhaupt rechtfertigen lassen, stellen eine ambitionierte Klimapolitik auch dann nicht in Frage, wenn sich dadurch das Risiko von Katastrophen erheblich reduzieren lässt.

2. Die Bestandsaufnahme der Klimapolitik

Dieses Kapitel nimmt eine Bestandsaufnahme vor, um die klimapolitischen Herausforderungen zu verstehen, die die Vermeidung von Treibhausgasemissionen mit sich bringt. Die Quellen der Emissionen, aufgeschlüsselt nach Ländern, ökonomischen Sektoren und verschiedenen Treibhausgasen, werden ebenso beschrieben wie die Ursachen steigender Emissionen. Es wird gezeigt, warum zunehmende Energieeffizienz und ein verstärkter Einsatz erneuerbarer Energien bislang nicht ausreichend waren, um den Anstieg der Emissionen aufzuhalten oder sogar eine Trendwende hin zu sinkenden Emissionen einzuleiten.

Den globalen Ausstoß an Treibhausgasen zu bestimmen ist keine einfache Aufgabe. Daten von zahlreichen statistischen Behörden, wie der International Energy Agency (IEA) und der Food and Agricultural Organization (FAO), müssen zusammengetragen und konsistent behandelt werden, zum Beispiel in Bezug auf Emissionsfaktoren verschiedener fossiler Energieträger und den CO_2-Gehalt von Wäldern und Böden. Im Folgenden stützen wir uns aus Gründen der Verfügbarkeit und Aktualität insbesondere auf Daten des Climate Analysis Indicators Tool (CAIT). Diese Daten sind auf konsistenter Basis für alle Sektoren und Treibhausgase bis zum Jahr 2014 verfügbar. Die Emissionen liegen innerhalb des Unsicherheitsbereichs der vom IPCC veröffentlichten Schätzungen, sind jedoch am unteren Rand angesiedelt. Der signifikanteste Unterschied ergibt sich für Emissionen aus der Landnutzung und Entwaldung, für welche die größte Unsicherheit besteht.

Als Maßeinheit für Emissionen verwenden wir CO_2-Äquivalente, um alle Treibhausgase (z.B. auch Methan oder Lachgas) zu berücksichtigen. Treibhausgase kann man jedoch nicht einfach aufaddieren, da jedes dieser Gase in unterschiedlichem Maße zum Anstieg der globalen Mitteltemperatur beiträgt. Die Wissenschaft hat sich auf einen Index geeinigt, das sogenannte Globale Erwärmungspotential, um die Wirkung der Treibhausgase vergleichbar zu machen. Das Globale Erwärmungspotential drückt für jedes Treibhausgas die Klimawirkungen für einen bestimmten Zeitraum (meist hundert Jahre) im Vergleich zu CO_2 aus. Dadurch wird es möglich, alle Treibhausgase in CO_2-Äquivalenten auszudrücken, um somit ihre Wirkung auf den Anstieg der globalen Mitteltemperatur zu berechnen. So hat beispielsweise Methan eine 28-mal größere Klimawirkung als CO_2, bleibt aber weniger lange in der Atmosphäre. CO_2 hat zwar ein geringeres Erwärmungspotential, hält sich dafür jedoch sehr lange in der Atmosphäre.

Die Entwicklung der Emissionen

Zwischen 1990 und 2014 sind die jährlichen Treibhausgasemissionen stetig – mit nur kurzen Unterbrechungen in Zeiten wirtschaftlicher Rezession – von 34 auf 49 Gigatonnen (Gt) CO_2-Äquivalente angewachsen. Das entspricht einem Anstieg von etwa 44 %. Seit dem Jahr 2000 hat sich das Emissionswachstum sogar noch beschleunigt: Lag die durchschnittliche jährliche Wachstumsrate im Zeitraum von 1990 bis 2000 noch bei 0,8 % pro Jahr, so belief sie sich auf 2,3 % im Zeitraum von 2000 bis 2014. Dieser Anstieg ist vor allem auf das rasante Wirtschaftswachstum in Entwicklungs- und Schwellenländern zurückzuführen, während das Bevölkerungswachstum relativ an Bedeutung verliert; die zunehmende Nutzung der Kohle im Stromsektor beschleunigte den Anstieg der Emissionen in den letzten zehn Jahren ebenfalls.

Im Zeitraum von 2013 bis 2016 fiel der Anstieg der Emissionen deutlich geringer aus, hauptsächlich aufgrund der sinkenden Kohlenutzung in China in Folge der Einführung von Maßnahmen zur Luftreinhaltung. Selbst wenn sich der Emissionsanstieg verlangsamt, wäre damit gefährlicher Klimawandel nicht abgewendet, wie wir in Kapitel 3 zeigen werden. Hinzu kommt, dass Länder wie Indien und die Türkei sowie zahlreiche afrikanische Staaten ihren rasch wachsenden Energiebedarf vorwiegend aus fossilen Energieträgern decken. Durch den anhaltenden Bau von Kohlekraftwerken könnte es weiter zu steigenden Emissionen kommen. So wurde in den Jahren 2017 und 2018 wieder ein kräftiger Anstieg der globalen Emissionen verzeichnet.

Dem aus der Verbrennung fossiler Energieträger und aus industriellen Prozessen (wie z. B. der Chemie) resultierenden CO_2-Ausstoß kommt der größte Anteil der gesamten Emissionen sowie von deren Anstieg zu. Im Jahr 2014 stammten 35 Gt CO_2, also mehr als 70 % der gesamten Treibhausgasemissionen, aus diesen Quellen. Emissionen von Kohlendioxid, das in Wäldern und Böden gespeichert ist und durch Landnutzungsänderungen freigesetzt wird, spielen ebenfalls eine wichtige Rolle. Sie machen 5 % der Gesamtmenge aus. Methan (CH_4), das u. a. bei der Tierhaltung entsteht und bei der Förderung von Erdöl und -gas entweicht, ist für 15 % der Gesamtemissionen verantwortlich; Lachgas (N_2O), das insbesondere bei der Nutzung von Dünger frei wird, für knapp 7 %. Die sogenannten F-Gase (fluorierte Treibhausgase) tragen weniger als 2 % zu den Gesamtemissionen bei (siehe Abbildung 3).

Der Stromsektor stellt aktuell mit mehr als 30 % die wichtigste Quelle von Treibhausgasemissionen dar. Der erzeugte Strom wird dabei hauptsächlich im Haushaltsbereich und von

Entwicklung der Emissionen nach Treibhausgasen

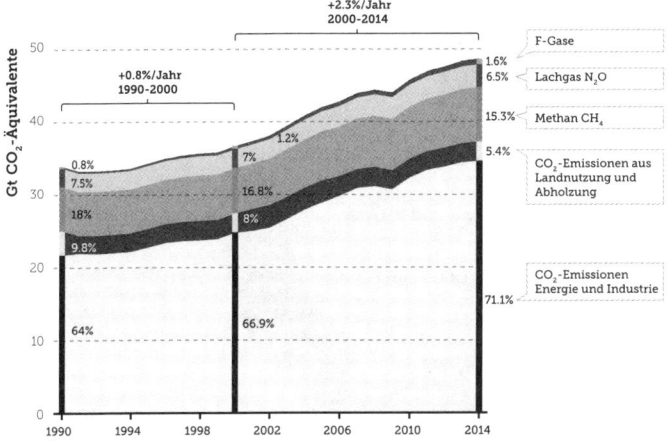

Abb. 3: Entwicklung der Treibhausgasemissionen 1990–2014, aufgeschlüsselt nach Gasen, sowie jährliche Wachstumsraten im Zeitraum 1990–2000 und 2000–2014. Quellen: CAIT (2014) und CDIAC (2015)

der Industrie verbraucht. Außerdem sind diese beiden zuletzt genannten Sektoren wichtige Quellen direkter Emissionen, zum Beispiel durch Heizen im Haushaltsbereich (der insgesamt etwas mehr als 8 % der Gesamtemissionen ausmacht) und Emissionen aus Fertigungsprozessen und der Verbrennung fossiler Energieträger in der Industrie (13 % der Gesamtemissionen). Landwirtschaft, Landnutzungsänderungen und Entwaldung tragen zusammen etwa 17 % zu den gesamten Emissionen bei, der Transportsektor knapp 15 % (siehe Abbildung 4).

Lange Zeit haben die Industrieländer den größten Anteil der globalen Emissionen verursacht. In den letzten Jahren wurden sie von den Entwicklungsländern überholt. So blieben die Emissionen in den OECD-Ländern im Zeitraum von 1990 bis 2014 praktisch unverändert, während sie sich in Asien im selben Zeitraum mehr als verdoppelt haben. Dennoch: Die Industrieländer weisen aktuell immer noch deutlich höhere Pro-Kopf-Emissionen auf als Entwicklungsländer; auch haben sie seit der Erfindung der Dampfmaschine bis heute mehr Emissionen in

Abb. 4: Quellen von Treibhausgasen nach ökonomischen Sektoren unterteilt.
Quellen: CAIT (2014) und CDIAC (2015).

der Atmosphäre abgelagert als die Entwicklungs- und Schwellenländer.

Gerade die letzten beiden Dekaden zeigen, dass die Einteilung in Industrie- und Entwicklungsländer nicht mehr sinnvoll ist, denn gegenwärtig sind es nicht allein die Industrieländer, die zum Emissionswachstum beitragen. So liegen die jährlichen Pro-Kopf-Emissionen der USA und Australiens mit aktuell 18,9 t und 28 t CO_2-Äquivalenten deutlich über denen in der EU von 7,5 t. Deutschland befindet sich mit 9,6 t fast 30 % über dem EU-Durchschnitt und mehr als 40 % über dem globalen Durchschnitt von 6,7 t. Jedoch gilt dies auch für China. Nach starkem Wachstum der Emissionen in den letzten Jahrzehnten ist China inzwischen nicht nur der weltweit bedeutendste Emittent, sondern hat mit Pro-Kopf-Emissionen von 8,2 t zu den OECD-Ländern aufgeschlossen. In Indien hingegen liegen die Pro-Kopf-Emissionen bei 2,5 t (siehe Tabelle 1). Würde Indien die Entwicklung Chinas nachahmen, kämen zusätzlich mehr als

Land/Region	t CO_2-Äquiv. pro Kopf 2014	Gt CO_2-Äquiv. absolut 2014 (% global)	Gt CO_2-Äquiv. kumuliert 1990–2014 (% global)
EU 28	7,5	3,8 (7,8%)	114 (11,5%)
Deutschland	9,6	0,8 (1,6%)	23 (2,3%)
Frankreich	5,9	0,4 (0,8%)	11,6 (1,2%)
Großbritannien	7,6	0,5 (1%)	15,9 (1,6%)
USA	18,9	6 (12,4%)	153,3 (15,5%)
Australien	**28**	0,7 (1,3%)	14,7 (1,5%)
Japan	9,2	1,2 (2,4%)	29,6 (3%)
Südkorea	13,3	0,7 (1,4%)	12,3 (1,2%)
China	8,2	**11,1 (23%)**	**155,9 (15,7%)**
Indien	2,5	3,3 (6,8%)	48,5 (4,9%)
Indonesien	8,3	2,1 (4,3%)	39,1 (3,9%)
Brasilien	9,8	2 (4,2%)	44,6 (4,5%)
Südafrika	8,7	0,5 (1%)	9,8 (1%)

Tab. 1: Treibhausgasemissionen in CO_2-Äquivalenten pro Kopf, auf Landesebene und über den Zeitraum 1990–2014 kumuliert für ausgewählte Länder. Der größte Wert in jeder Spalte ist fett gedruckt. Werte in Klammern geben den Anteil an den globalen Emissionen an. Quellen: CAIT (2014) und CDIAC (2015)

7 Gt CO_2-Äquivalente pro Jahr – mehr als 14% der momentanen weltweiten Emissionen – hinzu. Während für die oben genannten Länder die Energienutzung, also die Verbrennung der fossilen Rohstoffe Kohle, Öl und Gas, die größte Quelle von Emissionen darstellt, gibt es einige Länder, für die die Landnutzung als Emissionsquelle im Vordergrund steht. Hierzu zählen insbesondere Länder mit extensiven Regenwaldgebieten, so z. B. Brasilien und Indonesien.

Die Globalisierung hat dazu geführt, dass der Außenhandel zwischen Ländern nicht nur auf den Güter- und Kapitalmärkten eine zunehmend größere Rolle spielt: Werden Güter exportiert, werden damit indirekt auch Emissionen exportiert. Eine Metrik, welche die durch den Export und Import von Gütern anfallenden Emissionen berücksichtigt, sind die sogenannten

Abb. 5: Verlauf der produktions- und konsumbasierten CO_2-Emissionen nach Ländergruppen. Quelle: IPCC (2014 b)

«konsumbasierten» Emissionen. Diese messen nicht die innerhalb eines Landes verursachten Emissionen, sondern diejenigen, die in der globalen Vorleistungskette der konsumierten Güter und Dienstleistungen entstanden sind. Berechnet werden diese, indem von den «produktionsbasierten» Emissionen die in den Exporten enthaltenen Emissionen abgezogen und die in den Importen enthaltenen hinzuaddiert werden. Diese Emissionen können natürlich nicht direkt gemessen, sondern müssen anhand von Annahmen über die Produktionsprozesse geschätzt werden. Ihre wachsende Bedeutung kann einschätzen, wer sich vor Augen führt, dass ein Viertel des globalen CO_2-Ausstoßes auf international gehandelte Produkte entfallen. Für die Schwellen- und Entwicklungsländer sind die konsumbasierten Emissionen tendenziell niedriger als die produktionsbasierten; für Industrieländer ist das Gegenteil der Fall (siehe Abbildung 5). Es wäre jedoch irreführend, daraus zu schließen, dass Industrieländer verstärkt ihre emissionsintensiven Industrien in Entwicklungsländer auslagern. Die beobachteten Exportüberschüsse oder -defizite bei den Emissionen haben eine Vielzahl von Gründen: unterschiedliche Techniken bei der Energieerzeugung, unausgeglichene Handelsbilanzen oder Spezialisierung auf den Export besonders emissionsintensiver Produkte. Die konsumbasierten Emissionen stellen lediglich eine buchhalterische Größe dar, aus der noch keine Zuweisung von Verantwortlichkeiten für das Entstehen der globalen Emissionen abgeleitet werden kann. Eine solche Zuweisung macht eine «Was-wäre-wenn»-Betrachtung nötig. Dadurch könnte man überprüfen, wie stark sich die globalen Emissionen durch die Importe eines Landes tatsächlich erhöht haben, verglichen mit einer Situation, in der der Konsum ausschließlich aus heimischer Produktion gedeckt würde. Dennoch wird versucht, mit der Unterscheidung von produktions- und konsumbasierten Emissionen – je nach Bedarf – den Industrie- oder Entwicklungsländern eine größere Verantwortung für das Emissionswachstum zuzuschreiben. Länder mit einer größeren Verantwortung müssten – so das Argument – in der Zukunft einen höheren Anteil der zur Emissionsminderung notwendigen Kosten tragen. Die Lastenverteilung des Klimaschutzes ist eine wichtige politische und ethische Frage, die jedoch nicht allein mit dem Hinweis auf konsum- oder produktionsbasierte Emissionen entschieden werden kann.

Das Wirtschafts- und Bevölkerungswachstum

Über lange Zeiträume der Menschheitsgeschichte blieben Bevölkerung, Pro-Kopf-Einkommen und Treibhausgasemissionen relativ konstant. Seit der Industriellen Revolution vor etwa

250 Jahren hat sich die Zahl der Menschen auf der Erde mehr als versiebenfacht, das Pro-Kopf-Einkommen sogar mehr als verzehnfacht (siehe Abbildung 6).

Auch wenn sich das Bevölkerungswachstum in den letzten Jahren abgeschwächt hat, gehen Projektionen der Vereinten Nationen davon aus, dass die Weltbevölkerung bis zum Ende des Jahrhunderts mindestens um weitere zwei Milliarden Menschen zunimmt. Die Weltwirtschaft wird, trotz der Abschwächung in den meisten OECD-Ländern, in den kommenden Jahrzehnten ebenfalls kräftig wachsen. Diese Zunahme von Bevölkerung und Pro-Kopf-Einkommen schlägt sich direkt in steigenden Emissionen nieder, weil bislang der Energieverbrauch pro Einheit Bruttoinlandsprodukt (Energieintensität) und die CO_2-Emissionen pro erzeugter Energieeinheit (Kohlenstoffintensität) nicht in ausreichendem Maße gesunken sind, um einen Anstieg der Emissionen zu verhindern. Zwar reduzierte sich die Energieintensität in den letzten Jahren stetig aufgrund effizienterer Energienutzung und durch den Strukturwandel weg von der Industrie und hin zu Dienstleistungen. Jedoch reichte diese Entwicklung nicht aus, um den Effekt einer wachsenden Weltbevölkerung und steigender Einkommen auf die globalen Emissionen zu kompensieren. Zudem ist es nicht wahrscheinlich, dass die Energieeffizienzverbesserungen sich im Tempo der letzten Jahrzehnte weiter fortsetzen. So hat beispielsweise China nach dem Versuch einer erzwungenen Industrialisierung durch Maos «großen Sprung nach vorne» seine Energie sehr ineffizient genutzt. Zwischenzeitlich hat es jedoch durch das Ersetzen seiner alten Anlagen bereits die Energieintensität erreicht, die in etwa dem OECD-Durchschnitt entspricht.

Schwellen- und Entwicklungsländer – so die Hoffnung – könnten durch den Einsatz hochmoderner und effizienter Technologien nicht mehr dazu verdammt sein, die Wirtschaftsgeschichte der Industrieländer einfach zu wiederholen. In der Tat setzen heute beispielsweise viele Länder auf Mobilfunk und überspringen dabei die Phase des Aufbaus einer Festnetzinfrastruktur. Dieses sogenannte «Leap-Frogging» lässt einige Beobachter hoffen, dass ein gegebenes Pro-Kopf-Einkommen mit

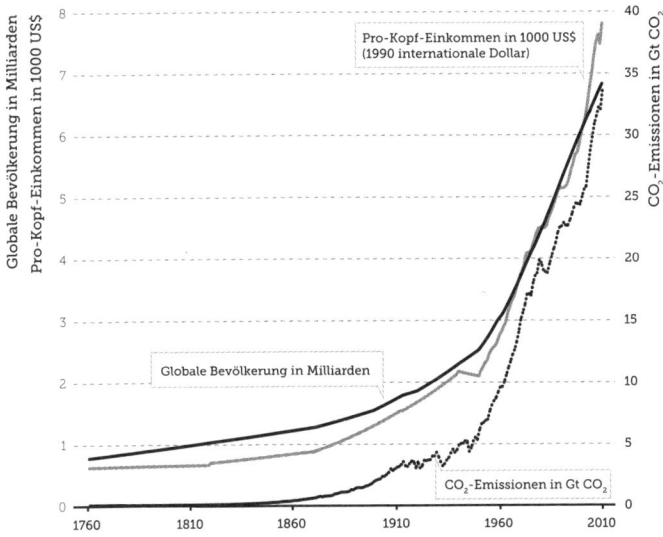

Abb. 6: Globale Bevölkerung, Pro-Kopf-Einkommen und Emissionen seit 1760. Mit der Industriellen Revolution zeichnet sich ein rapider Anstieg aller drei Variablen ab. Quellen: GGDC (2010), Weltbank (2016) und CDIAC (2016)

deutlich geringerem Energieeinsatz erreicht werden könnte. Diese Hoffnung hat sich bislang jedoch nicht erfüllt. Selbst wenn in vielen Ländern, darunter zahlreiche Schwellen- und Entwicklungsländer, erneuerbare Energien und Effizienztechnologien auf dem Vormarsch sind, bleiben fossile Energieträger weiterhin dominant. Schnell wachsende Entwicklungsländer ahmen die Entwicklungen nach, die die Industrieländer vor ihnen durchlaufen haben. Damit sind sie nicht in der Lage, den Energieverbrauch vom Wirtschafts- und Bevölkerungswachstum zu entkoppeln (siehe Abbildung 7). Eine solche Entkopplung ist erst bei einem hohen Pro-Kopf-Einkommen zu beobachten. So war der Energieverbrauch von Deutschland im Jahr 2015 um etwa 9 % niedriger als 1990, in Großbritannien sank er um fast 10 %. Im selben Zeitraum stieg er in Frankreich zwar, jedoch mit ca. 3 % deutlich weniger als die Wirtschaftsleistung. Interessanterweise findet sich dieser Zusammenhang

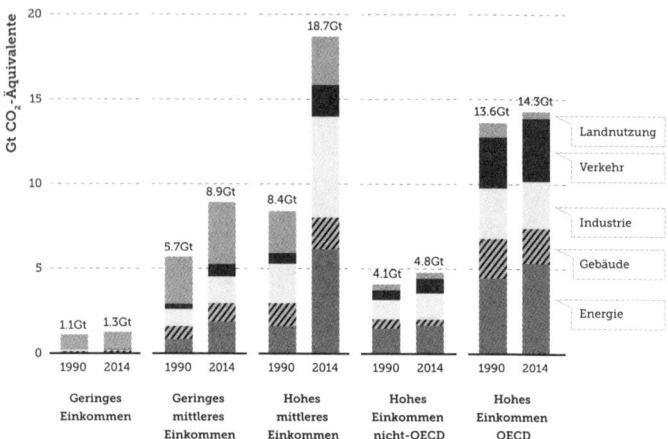

Abb. 7: Treibhausgasemissionen für Länder verschiedener Einkommensgruppen im Jahr 2014 verglichen mit 1990, aufgeschlüsselt nach ökonomischen Sektoren. Industrieländer weisen immer noch die höchsten Pro-Kopf-Emissionen auf, jedoch war der Anstieg in den ärmeren Ländern in den letzten Jahren deutlich höher. Quellen: CAIT (2014) und CDIAC (2015)

zwischen Einkommen und Emissionen nicht nur im Länderquerschnitt, sondern auch auf Haushaltsebene: So weisen vergleichsweise reiche Haushalte in armen Ländern einen ähnlich hohen «Karbon-Fußabdruck» (also die Pro-Kopf-Emissionen unter Berücksichtigung des Konsumverhaltens) auf wie Haushalte mit demselben Einkommen in Industrieländern. Jene wachsende Mittelklasse in Schwellen- und Entwicklungsländern wird in der Zukunft eine der treibenden Kräfte für einen fortgesetzten Anstieg der globalen Emissionen sein.

Diese historischen Beobachtungen sollten aber nicht zu dem Fehlschluss verleiten, eine frühe Entkopplung von Emissionen und Wirtschaftswachstum sei ökonomisch oder technisch in Zukunft nicht möglich. Es bedarf hierzu jedoch geeigneter politischer Rahmenbedingungen, die bislang noch nicht vorhanden sind. Schwellen- und Entwicklungsländer waren in der Vergangenheit wenig gewillt, Minderungsziele für ihre nationalen Emissionen zu akzeptieren, obwohl sie gegenüber den Auswirkungen des Klimawandels viel verwundbarer sind als die Industrieländer. Sie befürchten, dass sie ihre künftigen Entwicklungschancen gefährden und die wirtschaftlichen Erfolge der vergangenen Jahrzehnte durch eine voreilige Klimapolitik zunichtemachen. Richtig ist an dieser Überlegung, dass der Zugang zu einer ausreichenden Energieversorgung eine Grundvoraussetzung für wirtschaftliche Entwicklung ist. Dieser Zusammenhang gilt ebenso, wenn man nicht das Sozialprodukt als Indikator für die wirtschaftliche Leistungsfähigkeit eines Landes nimmt, sondern den Human-Development-Index der Vereinten Nationen. Im Länderquerschnitt zeigt sich, dass sowohl das Sozialprodukt als auch ein steigender Human-Development-Index mit höherem Energieverbrauch einhergehen. Diese Energie muss allerdings nicht zwangsläufig aus fossilen Quellen stammen, sondern könnte durch Wasserkraft, Wind, Sonnenenergie, Biomasse, aber auch Kernenergie bereitgestellt werden. Häufig sind emissionsarme Energiequellen allerdings teurer als herkömmliche, fossile Energien. Gerade arme Länder weisen darauf hin, dass ihnen die zusätzlichen Kosten nicht aufgebürdet werden dürften, weil dadurch andere Entwicklungsziele, etwa Bildung oder der Aufbau von Sozialsystemen, behindert werden könnten. Da der größte Teil der historischen Emissionen von den reichen Ländern verursacht wurde, so das Argument der Entwicklungsländer, sollen diese auch die Verantwortung übernehmen und ihre Emissionen zuerst reduzieren. So hat die indische Regierung verbindliche Emissionsobergrenzen abgelehnt. Trotzdem hat sie aber angekündigt, dass die Pro-Kopf-Emissionen Indiens nie den Durchschnitt der Industrieländer übersteigen werden, und sich im Rahmen des Pariser Abkommens dazu verpflichtet, die Emissionsintensität seines Wachstums zu verringern.

Die Renaissance der Kohle und das Angebot fossiler Energieträger

Die Industrielle Revolution wäre ohne fossile Energieträger nicht möglich gewesen. Bis zum späten 18. Jahrhundert waren die Menschen in Europa darauf angewiesen, ihren Energiebedarf aus dem Licht und der Wärme der Sonne zu decken, die über den Umweg der Nahrungsmittel- und Futterproduktion gespeichert und in Muskelkraft umgewandelt wurde. Auch setzte man Windmühlen und Wasserräder ein, um Getreide zu mahlen und Sägewerke zu betreiben. Erst durch die Erfindung der Dampfmaschine wurde die in der Kohle gespeicherte Sonnenenergie nutzbar gemacht und die Grenzen der traditionellen Verwendung von Biomasse wurden gesprengt. Der Verbrennungsmotor erlaubte die Umwandlung von raffiniertem Erdöl in mechanische Energie. Der Aufstieg des Autos und des Schiffsverkehrs senkte die Transportkosten und setzte eine Globalisierung von Wirtschaft und Gesellschaft in Gang, deren Folgen die Menschheit gerade erst zu begreifen beginnt. Der Soziologe Werner Sombart bezeichnete die fossilen Energieträger Kohle, Öl und Gas darum als Lotteriegewinn für die Menschheit.

Kohle stellte lange Zeit den größten Energielieferanten dar; erst gegen Mitte des 20. Jahrhunderts wurde «King Coal» vom Erdöl abgelöst, das im rasant wachsenden Transportsektor zunehmend zum Einsatz kam (siehe Abbildung 8). Auch die Kernenergie, die in den späten 1980er Jahren in den Industrieländern einen rapiden Ausbau erfahren hatte, entwickelte sich in vielen Ländern zu einer der wichtigsten Energiequellen. Hier ist besonders Frankreich hervorzuheben, wo Nuklearenergie gegenwärtig fast 80% der Stromproduktion und etwa 40% des Primärenergieverbrauchs ausmacht. Der Abschied von der Kohle schien bereits besiegelt: Die Internationale Energieagentur (IEA) und führende Energieexperten attestierten Anfang dieses Jahrhunderts der Kohle nur noch eine untergeordnete Rolle – Öl und Gas sollten die Protagonisten sein. Doch es kam anders. Die nahezu unbegrenzten Kohlevorräte und billigen Technologien für ihre Verstromung machten sie angesichts des wachsenden Energiehungers der Schwellen- und Entwicklungsländer wieder attraktiv. So beträgt der Anteil der Kohle an der Primärenergie in China heute 70%. China verbraucht, trotz sinkendem Konsum im Jahr 2014, beinahe so viel Kohle wie der Rest der Welt zusammengenommen.

Während Maßnahmen zur Luftreinhaltung und das bilaterale

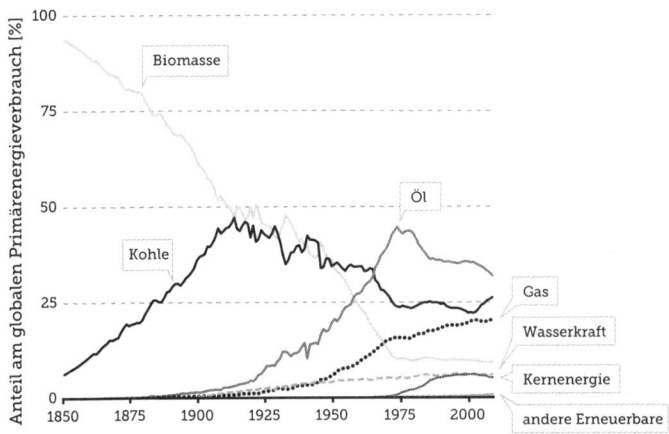

Abb. 8: Anteil der verschiedenen (fossilen und erneuerbaren) Energieträger am Primärenergieverbrauch von 1850 bis 2010. Die zweite Hälfte des 20. Jahrhunderts zeichnet sich durch die Dominanz des Erdöls aus, in den letzten Jahren ist eine verstärkte Nutzung der Kohle zu beobachten. Quelle: IPCC (2014 b)

Klimaabkommen mit den USA dazu führen werden, dass sich der Zubau neuer Kohlekraftwerke in China verlangsamt, wollen andere Länder den Ausbau der Kohle sogar noch beschleunigen. So hat beispielsweise Indien angekündigt, die Nutzung seiner heimischen Kohle bis zum Jahr 2019 im Vergleich zu 2013 zu verdoppeln, um damit – trotz der oft verheerenden Auswirkung auf die Gesundheit der Bevölkerung – einen entscheidenden Schritt gegen die grassierende Armut zu unternehmen. Auch Länder wie die Türkei, Ägypten, die Philippinen, Korea, Japan, Bangladesch und Taiwan planen neue Kohlekraftwerke. Insgesamt sind zurzeit weltweit etwa 1200 neue Kohlekraftwerksblöcke mit einer Kapazität von knapp 600 Gigawatt im Bau oder in Planung. Sollten diese Pläne tatsächlich realisiert werden, ergibt sich nicht nur ein massives Problem für kurz- und mittelfristige Emissionsminderungen, sondern auch ein langfristiger «lock-in» in karbonintensive Infrastrukturen. Da die Energieinfrastruktur, etwa Kraftwerke und Stromnetze, eine Lebensdauer von etwa 30 bis 50 Jahren aufweist, kann da-

von ausgegangen werden, dass zahlreiche zum jetzigen Zeitpunkt neu aufgebaute Anlagen auch im Jahr 2060 noch in Betrieb sein werden.

Ermöglicht wird diese weltweite Entwicklung durch den global
integrierten Kohlemarkt, so dass die meisten Schwellenländer
für ihre verstärkte Nutzung der Kohle nicht auf heimische Kohlevorräte angewiesen sind. Gesunkene Transportkosten durch
neu geschaffene Transportinfrastrukturen ermöglichen nun
auch Ländern mit geringen heimischen Kohlevorräten, von der
«Renaissance der Kohle» zu profitieren. So exportiert beispielsweise Australien rund 70% der geförderten Kohle nach Asien.
«King Coal» hat also ein spektakuläres Comeback hingelegt,
selbst wenn in den USA der Verbrauch aufgrund der Konkurrenz
durch Erdgas zurückgeht und in China und Indien Luftschutz-
maßnahmen zur Schließung einiger Kraftwerke geführt haben.

Mit den beiden Ölpreiskrisen in den 1970er Jahren machten
die industrialisierten Länder ihre ersten Erfahrungen mit den
«Grenzen des Wachstums». Der Club of Rome prognostizierte
1972 das baldige Ende der fossilen Rohstoffe. Hätte er mit seiner Prognose richtiggelegen, dann wären die Preise für Öl, Gas
und Kohle weiter gestiegen und die erneuerbaren Energien hätten sich längst auf dem Markt durchgesetzt. Die Hoffnung, die
vermeintliche Knappheit der fossilen Energieträger zwinge die
Weltwirtschaft durch steigende Preise auf den Pfad der klimapolitischen Tugend, hat sich jedoch als Illusion herausgestellt.
In den zurückliegenden Dekaden erhöhte sich das Angebot fossiler Energieträger sogar noch weiter. Der gestiegene Ölpreis
hat im letzten Jahrzehnt dazu geführt, dass verstärkt nach
neuen, bisher unentdeckten Vorkommen gesucht und die Ausbeutung schwer zugänglicher Lagerstätten, wie zum Beispiel
unter dem Meeresboden, rentabel wurde. Ebenso lagern in sogenannten Teersänden enorme Vorräte, die bei einem Ölpreis
von ca. 120 US$ pro Barrel rentabel würden. Das sogenannte
Fracking-Verfahren, bei dem Öl mit hohem Druck unter Zuhil-
fenahme spezieller Chemikalien aus dem Gestein gepresst wird,
führte zu einem rapiden Anstieg der Ölförderung in den USA.
Dies verringerte die Import-Abhängigkeit des Landes stark und

trug zum Verfall des Weltmarktpreises für Öl von ca. 120 US$ im Jahr 2009 auf zeitweise weniger als 35 US$ im Jahr 2016 bei. Der niedrige Ölpreis ist vor allem der Tatsache geschuldet, dass sich das Angebot an Öl wegen der vermehrten Exploration neuer Ölfelder in der letzten Dekade erhöht hat. Bei einsetzender Knappheit könnte die Marke von 2009 aber schnell wieder erreicht werden. In diesem Fall würde Kanada über Ölreserven verfügen, die mit denen von Saudi-Arabien vergleichbar wären. Der Abbau dieser Reserven hätte jedoch für das Klima und die lokale Umwelt beträchtliche negative Auswirkungen.

Der technische Fortschritt in Bezug auf Fracking hat jedoch nicht nur das Ölangebot, sondern auch das Gasangebot erhöht. Das hat in den USA in den letzten Jahren dazu geführt, dass die Stromversorgung des Landes verstärkt auf Erdgas umgestellt wurde. Da der Gaspreis unter dem Preis von Kohle liegt, werden die USA vermutlich auch unter Präsident Donald Trump rasch aus der heimischen Kohlenutzung aussteigen. Fracking stand in der Vergangenheit oft wegen seiner möglichen Folgen für Gesundheit und Wasserqualität im Fokus der Kritik. Aber hilft es wenigstens dem Klima, wenn Kohle durch Erdgas ersetzt wird, das einen deutlich geringeren CO_2-Gehalt aufweist? Das ist wahrscheinlich nicht der Fall, denn zusätzliches Erdgas verdrängt in den USA die heimische Kohle. Die geringere Nachfrage nach Kohle senkt jedoch deren Preis – so wird es sich für die USA lohnen, vermehrt Kohle zu exportieren. Der Netto-Effekt des vermeintlich klimafreundlichen Erdgases liegt daher wohl nahe bei null. Darüber hinaus besteht die Gefahr, dass durch Fracking bis zu 20% mehr Methanemissionen als bei konventioneller Förderung entweichen. Damit wäre die Emissionsintensität von Gas in etwa mit der von Kohle vergleichbar.

Abholzung und Landnutzung

Die Abholzung vor allem der Regenwälder und die Landwirtschaft stellen mit knapp 17% der Gesamtemissionen nach der Verbrennung fossiler Rohstoffe die zweitgrößte Emissionsquelle dar. Dabei ist der prozentual gewichtigste Anteil der landnutzungsbedingten Emissionen auf die Trockenlegung von Mooren und auf die Rodung von Wäldern zurückzuführen. Moore speichern große Mengen an CO_2, die bei Umnutzung für überwiegend landwirtschaftliche Zwecke freigesetzt werden. Zwischen 2000 und 2013 wurden die globalen Waldbestände um gut 1,5 Millionen Quadratkilometer verkleinert, was einem Verlust von knapp 4% der globalen Waldfläche entspricht. Der politisch gewollte Rückgang der Rodung in Brasilien wurde durch die vermehrte Abholzung in anderen Regionen kompensiert. Die neue Regierung unter Präsident Bolsonaro droht, diese Fortschritte vollends zunichtezumachen. Vor allem Länder der Südhalbkugel wie Indonesien und Brasilien weisen aufgrund von Entwaldung hohe Pro-Kopf-Emissionen auf. So machen für Indonesien diese Emissionen etwa 85% der gesamten Emissionen von gut 8 t CO_2-Äquivalenten pro Kopf aus.

Entwaldung ist aber nicht nur ein Drama, das sich auf der Südhalbkugel abspielt. Auch in der nördlichen Hemisphäre werden Waldbestände massiv vermindert, beispielsweise in Russland und Kanada. Neben dem voranschreitenden Klimawandel, vermehrtem Schädlingsbefall und verheerenden Waldbränden sind die entscheidenden Gründe dafür Tagebaue, die Ölgewinnung durch Teersände sowie der saure Regen in Gegenden mit Schwerindustrie. Der Verlust an Waldfläche auf der Nordhalbkugel führt jedoch zu geringeren Emissionen, weil er in manchen Gegenden (z.B. Kanada) durch gezielte Aufforstung kompensiert wird und auf der Nordhalbkugel pro Quadratmeter Waldfläche weniger Kohlenstoff gespeichert ist.

Die Ursachen für die Rodung auf der Südhalbkugel sind vielfältig. Entscheidend zur Entwaldung tragen die Ausdehnung der Landwirtschaft und die zunehmende Besiedelung unbewohnter Flächen bei. Der Bau von Straßen macht bisher unberührte Gebiete zugänglich, senkt die Transportkosten und lässt die Holznutzung rentabel werden. In vielen Ländern holzen die Eigentümer den Wald schneller ab, um den Profit noch vor der drohenden Enteignung einzustreichen. Auch können Gesetze zum Waldschutz kaum durchgesetzt werden. In Indonesien wird, trotz vergleichsweise strikter Gesetze zur Erhaltung des

Regenwaldes auf nationaler Ebene, jährlich eine Fläche von 840 000 Hektar gerodet. Dies liegt noch über der Abholzung in Brasilien von etwa 790 000 Hektar – und das, obwohl der Urwald in Indonesien nur etwa ein Viertel der Fläche des Amazonasregenwaldes ausmacht.

Wälder sind jedoch nicht nur Lagerstätten für Kohlenstoff – sie speichern unter anderem auch Wasser, regulieren das lokale Klima und verhindern die Erosion des Bodens. Diese Funktionen können sie bei einer steigenden Mitteltemperatur immer weniger erfüllen. Damit wird ein Teufelskreis ausgelöst: Die Abholzung erhöht die globale Mitteltemperatur, die wiederum die Wälder in ihrer Funktionsfähigkeit beeinträchtigt und die Anfälligkeit gegenüber dem Klimawandel vor allem für jene erhöht, die von der Land- und Forstwirtschaft leben müssen.

Landnutzung ist nicht nur für CO_2, sondern auch für andere Treibhausgase verantwortlich. So spielen Ausgasungen von Methan beim Reisanbau und in der Nutztierhaltung eine wichtige Rolle. Der steigende Düngereinsatz in der Landwirtschaft führt zu Lachgasemissionen (N_2O). Vermehrt gedüngt wird, weil sich allein durch neue Züchtungen oder verbesserte Anbaumethoden die steigende Nachfrage nach landwirtschaftlichen Produkten nicht mehr befriedigen lässt. Dieser Bedarf wird auch in Zukunft zunehmen, weil mit der Bevölkerung die Kalorienaufnahme pro Kopf proportional wächst. Der rapide in die Höhe schnellende Fleischkonsum der Länder, die der Armutsfalle entkommen sind, hat in den letzten Jahren zu einem kräftigen Anstieg der Methanemissionen geführt. Setzen sich diese Konsummuster in Zukunft fort, muss mit einer Verdoppelung der Methanemissionen bis zur Mitte des Jahrhunderts gerechnet werden.

Energieeffizienz und erneuerbare Energien

Trotz der vereinbarten Ziele hat die internationale Staatengemeinschaft bislang noch keine ambitionierte Klimapolitik umgesetzt. Dennoch stieg in den letzten Dekaden die Energieeffizienz, auch die erneuerbaren Energien wurden verstärkt ausgebaut.

In den vergangenen Jahrzehnten ist in den meisten Ländern

die Menge an Energie, die für jede Einheit an Wertschöpfung (also am Bruttoinlandsprodukt) aufgewendet werden musste, konstant gesunken. So nahm der Energieverbrauch von Elektro- und Haushaltsgeräten deutlich ab. Effizientere Verbrennungsmotoren erlauben, die gleiche Leistung mit geringerem Benzinverbrauch zu erbringen. In den USA hat sich dadurch der Verbrauch pro gefahrenem Kilometer in den letzten vierzig Jahren in etwa halbiert. Effizienzsteigerungen schlagen sich jedoch nicht eins zu eins in einem geringeren Energieverbrauch nieder. Die höhere Energieeffizienz bietet nämlich Anreize, die Produktionsfaktoren Arbeit oder Kapital durch Energie zu ersetzen, d.h., der niedrigere relative Preis für Energie führt zu erhöhter Nachfrage («Rebound-Effekt»). Die so eingesparten Energiekosten erlauben es den Konsumenten, mehr für Produkte auszugeben, die mit einem steigenden Energieverbrauch einhergehen. So sind beispielsweise Motoren zwar deutlich effizienter geworden. Autos verbrauchen aber trotzdem oft kaum weniger als noch vor 20 Jahren, da die höhere Effizienz durch zusätzliche Leistung kompensiert wurde.

Die Kosten für Wind und Photovoltaik sind in den letzten zehn Jahren stark gesunken. Durch den Ausbau der erneuerbaren Energien haben Firmen offenbar ihre Lernfortschritte in Kostensenkungen umsetzen können: Bessere Verfahren, wie beispielsweise die Waver-Produktion in der Mikrochip-Fertigung, haben dazu beitragen, ebenso staatliche Förderung von Forschung und Entwicklung. Erneuerbare Energien verursachen im Vergleich zu fossilen Energieträgern geringe Mengen an Emissionen, und ihr technisches Potential reicht aus, um den Energiebedarf der Menschheit auf absehbare Zeit zu decken. Allerdings sind sie, abhängig von Standort und Ausbaurate, meist immer noch teurer als fossile Energiequellen – jedenfalls wenn bei den Erneuerbaren auch die Kosten der wetterbedingten Fluktuation mit eingerechnet werden. Für einen vollständigen Kostenvergleich müssen jedoch auch die Subventionen für die fossilen Energieträger ökonomisch richtig berechnet werden. Tatsächlich werden die fossilen Energieträger in erheblichem Umfang bezuschusst, weil etwa die Kosten der Luftverschmutzung nicht mit in die Preisbildung einbezogen sind. Bringt man diese Kosten in Anschlag, so zeigt sich, dass weltweit die Tonne CO_2 mit etwa 150 US\$ subventioniert wird. Trotz dieser Verzerrungen stellen erneuerbare Energien bereits 13% der globalen Primärenergie bereit. Die Hälfte davon entfällt auf traditionelle Biomasse wie Brennholz und Dung; etwa 22% der globalen Stromproduktion wird durch erneuerbare Energien erbracht, größtenteils durch Wasserkraft. Seit dem Jahr 2004 haben sich die jährlichen Investitionen in Erneuerbare mehr als verachtfacht (von knapp 40 Milliarden US\$ auf mehr als 330 Milliarden US\$), und ihr Anteil an neu installierten Anlagen steigt stetig. Im Jahr 2015 betrug er erstmals mehr als die Hälfte der installierten Gesamtkapazität. Besonders starke Zunahmen sind dabei bei Solar- und Windkraftanlagen zu verzeichnen. Aber noch immer entfällt beinahe die Hälfte der neu gebauten Anlagen auf fossile Investitionen. Gerade Kohle ist billig und reichlich vorhanden. Es wäre fahrlässig, davon auszugehen, dass die bisherige Entwicklung von selbst in eine Richtung führt, die das Erreichen eines 2 °C-Ziels ermöglicht. Das nächste Kapitel beschäftigt sich daher mit der Transformation des weltweiten Energiesystems.

3. Ziele und Wege der Klimapolitik

Der Weltklimarat hebt in seinem jüngsten Sachstandsbericht eine wissenschaftlich und politisch zentrale Einsicht hervor: Die globale Mitteltemperatur im Jahr 2100 hängt vom kumulativen Kohlenstoffbudget ab. Das kumulative Kohlenstoffbudget addiert alle Emissionen, die innerhalb des 21. Jahrhunderts voraussichtlich ausgestoßen werden. Für die Einhaltung der 2 °C-Grenze dürfen ab dem Jahr 2019 noch gut 1100 Gt CO_2 in der Atmosphäre abgelagert werden. Dieses Kohlenstoffbudget bestimmt den Anstieg der globalen Mitteltemperatur auf irreversible Weise. Ist das CO_2 einmal in der Atmosphäre abgelagert, ist damit der Anstieg der globalen Mitteltemperatur festgelegt. Wenn die Natur in der zweiten Hälfte des 21. Jahrhunderts ihre Karten aufdeckt, wird sich zeigen, welche Schäden der Klimawandel anrichtet. Es verbleibt dann nur noch die Möglichkeit, sich entweder an seine Auswirkungen anzupassen oder den Strahlungshaushalt direkt zu steuern.

Daraus ergibt sich eine gravierende politische Schlussfolgerung: Soll die 2 °C-Grenze eingehalten werden, muss die Atmosphäre als begrenzter Deponieraum für Treibhausgase verstanden werden. Bislang ist dies noch nicht der Fall. Es gilt das «Recht des Stärkeren», weil jeder nach seinem Gutdünken Treibhausgase in der Atmosphäre ablagern kann. In der sozialwissenschaftlichen Literatur spricht man von «Common-Pool»-Ressourcen, für die keine Nutzungsrechte festgelegt sind und die daher Gefahr laufen, übernutzt zu werden. Erst wenn es klare Richtlinien für die Nutzung gibt, wird aus einer Common-Pool-Ressource ein globales Gemeinschaftseigentum. Die Festlegung auf ein klimapolitisches Ziel erfordert, dass die Atmosphäre als globales Gemeinschaftseigentum der Menschheit verstanden wird, weil nur so ihre Nutzung beschränkt werden kann. Das Verständnis der Atmosphäre als ein gemeinschaftliches Eigentum aller hängt zwar nicht von der 2 °C-Grenze ab; auch bei einem 1,5 °C-Ziel bliebe der grundsätzliche Sachverhalt derselbe. Allerdings würde bei diesem weitaus ambitionierteren Ziel das Kohlenstoffbudget auf knapp 400 Gt CO_2 zusammenschrumpfen, was eine weitere Begrenzung des Deponieraumes zur Folge hätte. Bei einem 3 °C-Ziel hingegen würde sich das Kohlenstoffbudget nahezu verdoppeln. Der Deponieraum wäre aber immer noch limitiert. Erst bei einem Ziel von etwa 4 °C wäre eine rechtliche Begrenzung des Deponieraumes nicht mehr nötig, da dies ohnehin einer Welt entspräche, in der es zu keiner Klimapolitik käme. Der klimapolitische Handlungsbedarf ergibt sich daher aus der Festlegung auf eine Begrenzung des Temperaturanstiegs.

Um das erlaubte Kohlenstoffbudget nicht zu überschreiten, müssen die Emissionen in den nächsten Dekaden sinken, was eine Transformation des weltweiten Energie- und Landnutzungssystems erfordert. Das folgende Kapitel schildert, welche Technologien benötigt werden und was sie kosten. Darüber hinaus zeigen wir, dass weder eine ausschließliche Anpassung an den Klimawandel noch der Einsatz von Solar Radiation Management gangbare Alternativen zur Emissionsminderung darstellen.

Das 2 °C-Ziel als langfristige Klimapolitik

Das Abkommen von Paris hat die 2 °C-Grenze explizit als Ziel der internationalen Klimapolitik festgelegt, verbunden mit der Feststellung, dass eine Begrenzung des Anstiegs auf 1,5 °C wünschenswert sei. Um dieses Ziel zu erreichen, fordert das Abkommen, dass der Höhepunkt der Emissionen so schnell wie möglich erreicht werden soll und bis zum Ende des Jahrhunderts netto keine Treibhausgase mehr emittiert werden. Das bedeutet, Emissionen können dann nur noch in dem Umfang ausgestoßen werden, wie Ozeane, Land oder technische Systeme (z. B. Einlagerung im geologischen Untergrund) sie der Atmosphäre wieder entziehen.

Um das optimale Stabilisierungsniveau der globalen Mitteltemperatur bestimmen zu können, wäre es notwendig, die Kosten des Klimaschutzes den zu erwartenden Schäden des Klimawandels einerseits sowie den Kosten der Anpassung andererseits gegenüberzustellen. Diese Kosten-Nutzen-Analyse ist aber nur möglich, wenn zumindest alle relevanten Folgen des Klimawandels bzw. die Wahrscheinlichkeit ihres Eintretens bekannt sind. Auch müsste Einigkeit darüber bestehen, wie diese zu bewerten sind. Es kann jedoch kein ethischer Konsens darüber vorausgesetzt werden, wie Schäden, die in der zweiten Hälfte des 21. Jahrhunderts auftreten werden, den Vermeidungskosten gegenüberzustellen sind, welche vor allem heutige Generationen zu tragen haben. Darüber hinaus besteht auch keine Einigkeit über die Bewertung der weltweiten Ungleichheit in der Einkommens- und Vermögensverteilung, obwohl Annahmen darüber notwendig wären, um monetäre Schäden und Kosten zwischen verschiedenen Weltregionen vergleichbar zu machen. Die wissenschaftliche Debatte über die sogenannten «Social Costs of

Carbon», die neben den biophysikalischen Auswirkungen des Klimawandels und den Unsicherheiten über ihr Auftreten auch ihre jeweilige Bewertung diskutiert, ist hier zu keinem eindeutigen Ergebnis gekommen. Zwar zeigen einige Kosten-Nutzen-Analysen, dass die 2 °C-Grenze durchaus optimal sein kann. Ändert man jedoch die normativen Annahmen durch die Veränderung der sozialen Diskontrate, ändert sich auch das Ergebnis drastisch: Je mehr das Wohl kommender Generationen gewichtet und je weniger Ungleichheit akzeptiert wird, umso ambitionierter ist das Temperaturziel.

Oft wird behauptet, das 2 °C-Ziel sei längst nicht mehr erreichbar. Es ist richtig, dass eine rasche Absenkung der Emissionen zur Begrenzung des Anstiegs der globalen Mitteltemperatur auf 2 °C gewaltige technische, ökonomische und politische Herausforderungen mit sich bringt. Wie wir später zeigen werden, spielt Energie aus Biomasse eine zentrale Rolle für das Erreichen ambitionierter Temperaturziele. So befürchten manche Autoren, die großskalige Nutzung von Biomasse könnte negative Auswirkungen auf die Biodiversität und die Verfügbarkeit von Ackerland und somit von Nahrungsmitteln haben. Auch wird immer wieder Besorgnis darüber geäußert, die Kosten der Emissionsminderungen vor allem für die Entwicklungsländer seien womöglich so hoch, dass diese zulasten ihrer Entwicklungsmöglichkeiten gehe. Wäre dies der Fall, dann entspräche die 2 °C-Grenze einer Leerformel, weil die Verminderung von Emissionen ebenfalls irreversible und großskalige Risiken mit sich brächte.

Es bedarf also einer Abschätzung der Kosten und Risiken der Emissionsbegrenzung sowie der dafür in Frage kommenden Möglichkeiten. Die Verfügbarkeit von Biomasse hängt stark von der zukünftigen Verbesserung der landwirtschaftlichen Erträge ab sowie von der Möglichkeit, Land, das nicht für die Nahrungsmittelproduktion genutzt werden kann, für den Anbau von Biomasse einzusetzen. Auf diese Weise könnte sichergestellt werden, dass die Nutzung von Biomasse als Energiequelle nicht zu einer Verknappung von Nahrungsmitteln führt. Die Risiken der Nutzung von Bioenergie lassen sich also durch eine vernünftige Agrarpolitik begrenzen. Eine erhebliche Verminderung der Kosten für Entwicklungsländer durch eine faire Lastenteilung mit den Industrieländern ist ebenfalls möglich. Durch finanzielle Unterstützung für die Ärmsten ließe sich ein möglicher Anstieg der Nahrungsmittelpreise aufgrund knappen Ackerlandes ausgleichen.

Wir resümieren: Mit der Festlegung der 2 °C-Grenze werden implizit empirische und normative Annahmen getroffen, die, obwohl vernünftig, sich nicht ausschließlich aus den biophysikalischen Folgen des Klimawandels ableiten lassen. Die 2 °C-Grenze setzt unter anderem voraus, dass

– mögliche großskalige und irreversible Klimafolgen auf ein akzeptables Niveau begrenzt werden, wenn diese Grenze eingehalten wird;
– die Arbeitsteilung zwischen Vermeidung und Anpassung mit den Forderungen der intra- und intergenerationellen Gerechtigkeit vereinbar ist;
– sie wirtschaftlich und technisch noch erreichbar ist, ohne andere Nachhaltigkeitsziele zu verletzen. Aus einer ethischen Perspektive kann es nur dann Verpflichtungen geben, wenn diese auch erfüllt werden können: Ein ethisches Sollen setzt immer ein Können voraus.

Die Sinnhaftigkeit der 2 °C-Grenze kann man genau dann in Frage stellen, wenn eine dieser drei impliziten Annahmen mit guten Gründen bestritten werden kann. So wird immer darauf hingewiesen, dass bereits bei einem Temperaturanstieg von 2 °C irreversible Schäden eintreten können und einige Entwicklungsländer die Grenzen ihrer Anpassungsfähigkeit erreichen. Dafür gibt es durchaus Hinweise. Dem steht jedoch gegenüber, dass die grundsätzliche Erreichbarkeit des 1,5 °C-Ziels fraglich ist. Die Festlegung auf die 2 °C-Grenze bringt daher einen pragmatischen Kompromiss zum Ausdruck, der den normativen Konflikten und den wissenschaftlichen Unsicherheiten Rechnung trägt. Doch steht dieses Ziel für eine Korrektur offen, sofern neue wissenschaftliche Einsichten gewonnen werden oder sich die normativen Grundvoraussetzungen mit stichhaltigen Argumenten bestreiten lassen. Das Paris-Abkommen strebt eine Korrektur nach unten an. Daher haben die Regierungen den IPCC beauftragt, in einem Sonderbericht darzulegen, wie das 1,5 °C-Ziel erreichbar wäre und welche möglichen Klimaschäden verursacht durch eine Temperaturänderung von 2 °C mit diesem ambitionierteren Ziel vermieden werden könnten. Auf diese Weise kann eine Grundlage für eine gesellschaftliche Debatte geschaffen werden, die eine Abwägung zwischen vermiedenen Schäden und zusätzlichen Anforderungen zur Minderung von Emissionen vornimmt. Die zentralen Ergebnisse dieses Berichts, der Ende 2018 veröffentlicht wurde, sind im Folgenden zusammengefasst.

Die Pfade der Transformation

Der klimapolitische Handlungsbedarf ergibt sich aus dem Vergleich zwischen dem, was ohne Klimapolitik geschehen würde, und dem, was notwendig ist, um ein gegebenes Temperaturziel zu erreichen. Dazu müssen Szenarien entworfen werden, die Auskunft über die Entwicklung von Bevölkerung, Wirtschaftswachstum und technischen Fortschritt sowie über die Verfügbarkeit fossiler Energieträger und die Kosten emissionsfreier Energietechnologien geben. Man nennt diese Szenarien «Referenz-Szenarien», weil sie eine Welt beschreiben, in der es zu keiner weiteren Klimapolitik als den bereits bestehenden Maßnahmen kommt. Auf dieser Basis werden dann zusätzliche Szenarien mit Hilfe von Computermodellen entwickelt, die dokumentieren, wie man von diesem «Weiter-so» abweichen kann, um ein bestimmtes Temperaturziel, wie beispielsweise das 2 °C-Ziel, zu erreichen. Diese speziellen Szenarien werden als «Politikszenarien» bezeichnet. Sie zeigen, in welchem Ausmaß das weltweite Energie- und Landnutzungssystem verändert werden muss, und werden daher auch oft als Transformationspfade bezeichnet. Die Verleihung des Wirtschaftsnobelpreises des Jahres 2018 an William Nordhaus, der bereits in den späten 1970er Jahren erste Transformationspfade mit vergleichsweise einfachen Computermodellen dargestellt hat, unterstreicht die zentrale Bedeutung von Szenarien für die ökonomische Analyse klimapolitischer Maßnahmen. Man darf diese Transformations-

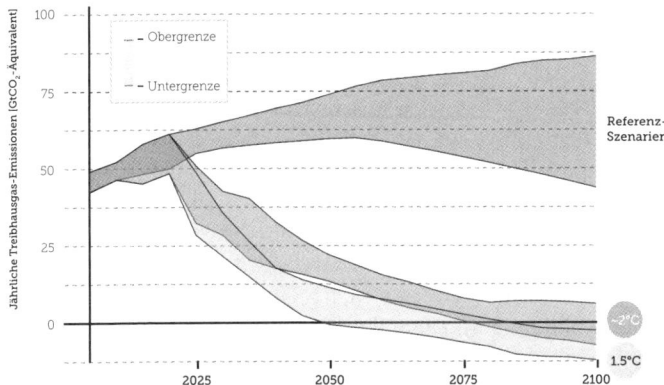

Abb. 9: Emissionspfade für verschiedene Stabilisierungsziele. In den Referenz-Szenarien würden die Treibhausgasemissionen weiter ansteigen. Eine Stabilisierung der globalen Mitteltemperatur bei 1,5 °C oder 2 °C gegenüber dem vorindustriellen Niveau hingegen würde ein rasches Absenken der Emissionen sowie negative Emissionen zum Ende des 21. Jahrhunderts erforderlich machen. Quelle: Luderer et al. (2018)

pfade jedoch nicht als Prognosen verstehen. Stattdessen sollen sie die Zukunft ausleuchten, indem die Annahmen über diese Zukunft systematisch verändert werden. Dabei verlässt man sich nicht auf einen Pfad und ein Computermodell, sondern nutzt im Rahmen von Szenarien- und Modellvergleichen viele Pfade und Modelle, um auf diese Weise zumindest Größenordnungen und Zusammenhänge abschätzen zu können. Der Weltklimarat hat zu diesem Zweck zahlreiche Szenarien ausgewertet, um so den Entscheidungsträgern zumindest grobe Pfadbeschreibungen in einem bislang unbekannten Gelände anbieten zu können. Die hier beschriebenen Szenarien sind nicht in Form einer Kosten-Nutzen-Rechnung erstellt, sondern als sogenanntes Kosteneffektivitätskalkül. Dabei wurde die Emissionsverminderung so berechnet, dass ein bestimmtes Temperaturziel, wie z. B. das 2 °C-Ziel, zu den geringsten Kosten erreicht wird. Diese Kostenminimierung ist notwendig, um keine Mittel zu verschwenden, die für andere wichtige politische Ziele eingesetzt werden könnten. Klimapolitik ist in diesem Fall kosteneffektiv, weil ein gegebenes Ziel mit dem geringstmöglichen Mitteleinsatz erreicht wurde. Damit wird jedoch nichts darüber ausgesagt, ob dieses Temperaturziel auch wünschenswert ist.

Die Referenz-Szenarien gehen davon aus, dass ohne zusätzliche Klimapolitik die jährlichen Emissionen von etwa 50 Gt CO_2-Äquivalenten im Jahr 2015 weiter anwachsen. Abhängig von den Annahmen über die technologische, wirtschaftliche und demographische Entwicklung gehen diese Szenarien davon aus, dass gegen Ende des Jahrhunderts die jährlichen Emissionen zwischen gut 40 und ca. 85 Gt CO_2-Äquivalente liegen (siehe Abbildung 9). Diese Emissionspfade hätten einen Anstieg der globalen Mitteltemperatur von etwa 3,5 °C bis 5 °C zur Folge. Die Szenarien berücksichtigen bereits, dass auch ohne Klimapolitik weitere Verbesserungen der Energieeffizienz stattfinden und sich die Kostenverringerung bei den erneuerbaren Energien fortsetzt. Nur genügen diese Entwicklungen bei weitem nicht, um den ständig wachsenden Energiehunger zu stillen. Stattdessen nimmt in diesen Referenz-Szenarien der Verbrauch fossiler Rohstoffe weiter deutlich zu. Das zentrale Problem des 21. Jahrhunderts ist also gerade nicht die Knappheit fossiler Energieträger, sondern ihr reichhaltiges Vorkommen. Wenn wir die gesamten bekannten Reserven von Kohle, Öl und Gas verbrennen, wird die globale Mitteltemperatur mit einer Geschwindigkeit und in einem Ausmaß steigen, die für die gesamte Kulturgeschichte der letzten 15 000 Jahre ohne historisches Vorbild sind.

Aber wie kann die Menschheit diesen Pfad verlassen? Der neueste Sonderbericht des IPCC hat gegenüber früheren Schätzungen die Menge an Treibhausgasen, die für die Einhaltung der 2 °C- bzw. der 1,5 °C-Grenze noch emittiert werden dürfen, nach oben korrigiert. Diese Korrektur war notwendig, weil die tatsächlich beobachteten Emissionen als Maßstab angelegt werden – und nicht wie bisher Projektionen aus Erdsystemmodellen. Weil über die 1940er Jahre große Unsicherheit besteht, unterschätzen die Erdsystemmodelle die historischen Emissionen einerseits, während sie den historischen Temperaturanstieg andererseits geringfügig überschätzen. Korrigiert man diese beiden Effekte, so muss die Gerade, die die lineare Beziehung zwischen Temperaturanstieg und kumulativen Emissionen beschreibt, flacher verlaufen. Für einen gegebenen Temperaturanstieg ist demnach ein höheres Kohlenstoffbudget zulässig, d. h., es dürfen mehr Emissionen ausgestoßen werden, um eine bestimmte Temperaturgrenze einzuhalten. Die Unsicherheiten bei der Abschätzung des korrekten Kohlenstoffbudgets sind beträchtlich, weil hier Annahmen über die Entwicklung der anderen Treibhausgase und der Aerosole ebenso mit einfließen wie die Menge an Kohlenstoff, die durch tauende Permafrostböden in die Atmosphäre entlassen wird. Diese Unsicherheiten legen nahe, ein vermeintlich größeres Budget nicht auszuschöpfen. Daher kann diese Korrektur des Kohlenstoffbudgets nicht als Entschuldigung für das Verschleppen klimapolitischer Anstrengungen in Anschlag gebracht werden. Vielmehr steht die Weltgemeinschaft auch mit der Annahme von etwas größeren Budgets vor einer gewaltigen Aufgabe, um ihre klimapolitischen Ziele zu erreichen.

Um die 2 °C-Grenze einzuhalten, dürfen bis zum Ende des Jahrhunderts ab dem Jahr 2019 insgesamt nur noch gut 1100 Gt CO_2 ausgestoßen werden. Selbst wenn die Emissionen auf ihrem derzeitigen Niveau verharren, wäre der verbleibende Deponieraum in der Atmosphäre in etwas mehr als zwanzig Jahren ausgeschöpft. Soll also dieses Budget nicht überschritten werden, müssten ca. 90 % der im Referenz-Szenario genutzten Kohle, zwei Drittel des Erdgases und fast die Hälfte des Erdöls unberührt im Boden bleiben. Zusätzlich würde der Kohlenstoffabscheidung und -speicherung, Carbon Capture and Sequestration (CCS, die auf Seite 54 f. noch ausführlicher diskutiert wird), eine wichtige Rolle zukommen (siehe Abbildung 10). Ambitionierte Klimapolitik wird daher dazu führen, dass die Vermögen der Besitzer von Kohle, Öl und Gas im Wert sinken werden. In der Folge entsteht daraus ein starker Anpassungsdruck für rohstoffabhängige Volkswirtschaften. Den Vermögensverlusten von Eigentümern fossiler Energien können jedoch Vermögensgewinne für Investoren gegenübergestellt werden, die ihr Geld in neue, karbonarme Technologien anlegen, ebenso wie die Einnahmen für die Finanz- und Umweltminister, die durch die Einführung von Steuern auf Treibhausgase entstehen.

Für das 1,5 °C-Ziel sind die Herausforderungen deutlich höher. Hier könnten insgesamt nur noch knapp 400 Gt CO_2 ausgestoßen werden – bei den heutigen Emissionen wäre das Budget in etwa 10 Jahren erschöpft. Der Zeitdruck für die Klimapolitik wird deutlich, wenn man sich vor Augen führt, dass bereits bestehende Infrastrukturen, wie Kraftwerke, Industrieanlagen und Straßen, über ihre Lebensdauer Emissionen von mindestens 850 Gt CO_2 emittieren werden. Zur Erreichung des 1,5 °C-Ziels müssten diese Infrastrukturen mit hohen Verlusten vorzeitig stillgelegt und durch neue Infrastruktur ersetzt werden, deren Aufbau ebenfalls Zeit benötigt. Diese Trägheit des Energiesystems macht ein schnelles Absenken der Emissionen schwierig. Daher weisen alle 1,5 °C-Stabilisierungsszenarien gegen Ende des Jahrhunderts negative Netto-Emissionen auf: Der Atmosphäre müssen mehr Treibhausgase entzogen als zugeführt werden. Zusätzlich zu den Herausforderungen, die die schnellere Absenkung der Emissionen und der negativen Netto-Emissionen bedeutet, würde das 1,5 °C-Ziel auch den politischen Druck von Seiten der Besitzer fossiler Rohstoffvorkommen sicherlich noch weiter erhöhen. Relativ zu den Referenz-Szenarien müsste die Nutzung von Kohle um 90 %, die von Öl um zwei Drittel und die von Gas um drei Viertel verringert werden.

Trotz unterschiedlicher Emissionsbudgets für das 2 °C-Ziel und das 1,5 °C-Ziel ist sowohl für die 2 °C- als auch für die 1,5 °C-Grenze eine baldige Trendwende unausweichlich. Der wichtigste Unterschied zwischen diesen beiden Temperaturzielen ist also nicht, ob eine Transformation hin zu einer CO_2-neutralen Weltwirtschaft notwendig ist, sondern wie schnell diese ablaufen muss. Für die Klimapolitik ist nicht die Debatte um die Vorteile der 1,5 °C-Grenze gegenüber der 2 °C-Grenze entscheidend, sondern der Einstieg in eine ambitionierte Klimapolitik. Ein weiteres Hinauszögern der Klimapolitik wäre mit hohen Risiken verbunden, weil damit die Menschheit darauf wettet, dass Technologien für das Entziehen von CO_2 aus der Atmosphäre zu tragbaren Kosten und Risiken zur Verfügung stehen werden.

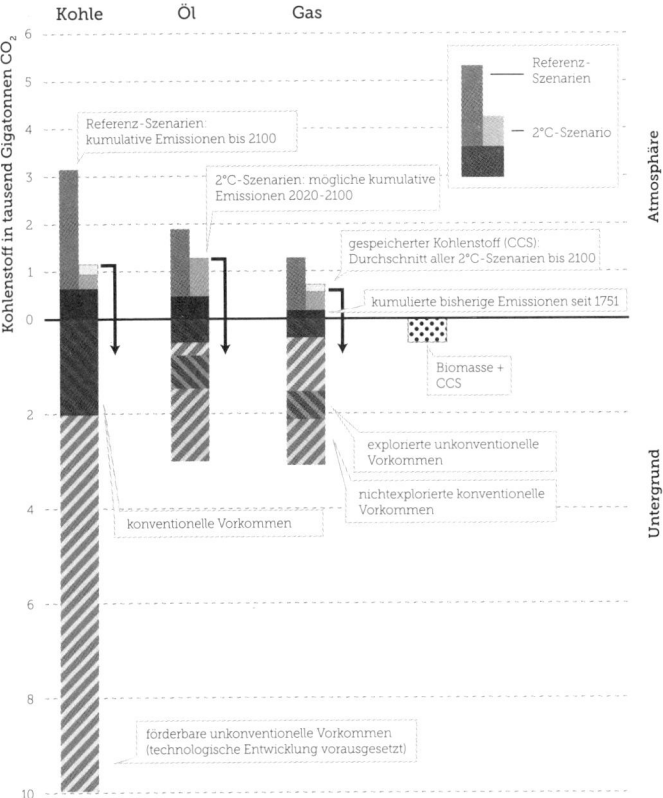

Abb. 10: Vorhandene Reserven an fossilen Energieträgern im Vergleich zu der Menge, die noch benutzt werden kann, um das 2 °C-Ziel zu erreichen. Quellen: Edenhofer et al. (2015) und IIASA (2018).

Die Unsicherheiten dieser Technologien sind jedoch so hoch, dass die Menschheit riskiert, die 2 °C-Grenze nicht mehr einhalten zu können. Rasch sinkende Emissionen würden hingegen die Möglichkeit offenhalten, die Temperaturerhöhung auf 1,5 °C zu begrenzen, falls negative Emissionen tatsächlich in dem in Abbildung 9 dargestellten Umfang erreicht werden können. Es wäre also fatal, wertvolle Zeit mit der Diskussion über die «Feinabstimmung» langfristiger Temperaturziele zu verschwenden, während sich die Tür zu deren Erreichen Jahr für Jahr um einen Spalt weiter schließt.

Selbst bei einem weniger ambitionierten Temperaturziel wie beispielsweise 3 °C wäre immer noch eine weitreichende Transformation des Energiesystems notwendig. Zwar ließe sich durch eine solche Zielaufweichung ein wenig Zeit erkaufen, weil der Wendepunkt zeitlich etwas hinausgeschoben werden könnte und eine geringere jährliche Verminderung der Emissionen ausreichend wäre. Die Menschheit nähme damit aber das deutlich erhöhte Risiko hinsichtlich eines gefährlichen Klimawandels in Kauf. An der Notwendigkeit einer starken Absenkung der Emissionen verglichen mit dem Referenz-Verlauf würde dies jedoch nichts ändern. Und vor allem: Die Menschheit müsste auch dann sehr bald den Einstieg in eine effektive Klimapolitik finden.

Sollen die Emissionen möglichst kosteneffizient reduziert werden, so müsste deren Maximum bereits 2020 erreicht sein, um danach rasch zu sinken. Je später der Scheitelpunkt erreicht wird, desto drastischere Emissionsminderungen werden notwendig sein – was zu höheren Kosten führt, zu einem schnelleren Ausbau neuer Technologien, zu größerer Fehleranfälligkeit und zu einer geringeren politischen Durchsetzbarkeit. Ein zu großer Zeitdruck, der keinen Raum lässt, um Menschen in Demokratien zu überzeugen, könnte die Erfolgschancen der ambitionierten Klimapolitik erheblich mindern.

Dem technischen Fortschritt eine neue Richtung geben

Zur Minderung der Treibhausgasemissionen stehen zwei zentrale Möglichkeiten zur Verfügung: Zum einen geringerer Energieverbrauch und zum anderen weniger Emissionen je Einheit verbrauchter Energie. Man kann sagen: Die Energieeffizienz muss erhöht und die CO_2-Intensität gesenkt werden. Beide Optionen sind wichtig, wenn der Transformationsprozess erfolgreich sein soll. Die Energieeffizienz kann durch einen Strukturwandel oder durch veränderte Konsummuster gesteigert werden. Eine sinkende CO_2-Intensität hingegen benötigt neue Technologien.

Konkret kann die Energieeffizienz durch die bessere Isolierung von Häusern, erhöhte Effizienz von Beleuchtung, Produktionsprozessen und Antriebstechnologien sowie den Ausbau des öffentlichen Nahverkehrs bewerkstelligt werden. Der Umstieg vom Auto aufs Fahrrad sowie effizienteres Heizen und Lüften vermindern den Energieverbrauch. Selbst ohne aktive Klimapolitik, die die Umweltschäden der Energienutzung in die Kalkulation mit einfließen lässt, könnten sich diese Einsparungen schon lohnen. Jedoch bleiben viele dieser Einsparpotentiale aufgrund mangelnder Informationen, zu hoher Risikoaversion oder ungenügendem Zugang zu Krediten ungenutzt. Doch sogar wenn alle diese Optionen ergriffen würden, ist es schwer vorstellbar, dass damit 90 % der heute entstehenden Emissionen eingespart werden könnten, wie dies für die Einhaltung der 2 °C-Grenze (im Vergleich zum Referenz-Fall) nötig wäre.

Man wird also auch auf neue Technologien setzen müssen, die die Kohlenstoffintensität verringern. Obgleich alle Sektoren der Wirtschaft einen erheblichen Beitrag dazu leisten müssen, sind doch zwei Bereiche hierbei besonders wichtig, nämlich der Strom- und der Transportsektor. Für den Stromsektor stehen viele Optionen zur Verfügung, darunter auch solche, die vergleichsweise kostengünstig sind. Wir werden in diesem Abschnitt ebenfalls auf das umstrittene Thema der negativen Emissionen eingehen, ohne die die 2 °C-Grenze wahrscheinlich nicht eingehalten werden kann.

Der Stromsektor

Die Stromgestehungskosten von Sonne, Wind, Wasserkraft, Geothermie und Gezeitenenergie sind in den vergangenen Jahren bereits deutlich gesunken. Berücksichtigt man jedoch die Kosten der Fluktuation der erneuerbaren Energien, so sind sie gegenüber der Kohle immer noch nicht konkurrenzfähig. Im Gegensatz zu fossilen Energieträgern sind Erneuerbare nicht auf Abruf verfügbar. Wann die Sonne scheint oder der Wind weht, lässt sich im besten Fall kurzfristig vorhersagen, beeinflussen kann man es aber nicht. Je höher der Anteil der erneuerbaren Energien ist, umso wichtiger wird es, Schwankungen der

Sonneneinstrahlung oder Windgeschwindigkeit auszugleichen. Der Fluktuation erneuerbarer Energien lässt sich damit begegnen, dass Stromnetze über weite geographische Regionen miteinander verbunden werden und sich lokale Schwankungen so im Mittel ausgleichen. Zudem könnte beispielsweise Erdgas eine Brücke in eine emissionsfreie Weltwirtschaft darstellen. Da sich Gasturbinen mit vergleichsweise geringer Zeitverzögerung zu- und abschalten lassen, ließe sich der Anteil der Erneuerbaren auch dann schnell erhöhen, wenn noch keine Speichertechnologien vorhanden sind oder die geographische Verteilung des Stromnetzes keinen Ausgleich dieser Schwankungen ermöglicht. Denkbar ist ebenfalls eine flexible Regelung des Stromverbrauchs durch sogenannte «Smart-Grids», so dass Spitzen in der Nachfrage zu Zeiten geringen Stromangebots vermindert werden. Außerdem kann man Strom in Pumpspeicherkraftwerken speichern oder schnell regelbare Kapazitäten von Gasturbinen für den Bedarfsfall vorhalten. Dies führt jedoch zu zusätzlichen Kosten, die mit dem steigenden Anteil der erneuerbaren Energien am Stromangebot weiter zunehmen werden.

Die Kernenergie ist eine CO_2-arme Energiequelle, völlig CO_2-frei ist jedoch auch sie nicht. Zwar entsteht bei der Erzeugung von Strom aus Uran kein CO_2. Allerdings ist der Abbau des Brennstoffs energieintensiv, so dass die dabei anfallenden Emissionen auf die gesamte Lieferkette durchaus ins Gewicht fallen – zumindest wenn diese nicht ebenfalls durch geeignete Maßnahmen dekarbonisiert wird. Da Kernkraftwerke auf Grundlast ausgelegt sind, können sie sich nur schwer dem schwankenden Angebot erneuerbarer Energiequellen flexibel anpassen. Daher schließen sich ein hoher Anteil an Kernenergie und hohe Anteile erneuerbarer Energien gegenseitig aus. Man wird sich also entscheiden müssen, ob man hauptsächlich auf Kernenergie oder auf erneuerbare Energien setzen will. Dies stellt insofern kein großes Problem dar, als Kernenergie ohne erhebliche Zusatzkosten durch erneuerbare Energien ersetzt werden kann. Ambitionierter Klimaschutz ist auch ohne Kernenergie möglich, falls die mit ihr einhergehenden Risiken von der Gesellschaft als zu hoch betrachtet werden.

Der Transportsektor

Im Transportsektor gibt es derzeit noch relativ wenige kosten-günstige Alternativen zum Erdöl, so dass in diesem Bereich die Minderung der Emissionen kurz- und mittelfristig eher schwie-rig zu bewerkstelligen ist. Mittelfristig könnte die Elektrifizie-rung dieses Sektors eine vielversprechende Möglichkeit sein, da sich Strom verhältnismäßig einfach und kostengünstig aus Er-neuerbaren oder Kernenergie produzieren lässt. Denkbar ist eine Nutzung der Elektroautos als Bestandteile von «Smart-Grids» als Speicher, die überschüssigen erneuerbaren Strom aufnehmen und diesen bei Bedarfsspitzen ans Netz zurückgeben. Bislang steht die Elektromobilität erst am Beginn der Markteinführung. Dies hat zum großen Teil mit der geringen Reichweite und den hohen Kosten der verwendeten Batterien zu tun. Eine Wettbe-werbsfähigkeit der Elektromobilität setzt eine Halbierung die-ser Kosten voraus und dabei eine Verdopplung ihre Leistungs-fähigkeit. Auch der Wasserstoffantrieb hat bisher nicht den Grad an technischer Reife erreicht, mit der er als realistische Al-ternative zum klassischen Verbrennungsmotor in Frage käme.

Ottomotoren könnten mit Bioethanol oder Biodiesel emissions-frei betrieben werden. Diese Kraftstoffe sind den erdölbasierten recht ähnlich und werden in vielen Ländern bereits zu einem ge-wissen Grad standardmäßig beigemischt. Ob die benötigte Menge an Biomasse allerdings emissionsfrei produziert werden kann, ist ungewiss. Sollte deren Produktion die Rodung von Urwäl-dern oder die Trockenlegung von Mooren voraussetzen, ist für das Klima nichts gewonnen. Dazu kommen Sorgen über die Nachhaltigkeit großskaliger Energieproduktion aus landwirt-schaftlichen Produkten, auf die wir im Folgenden näher eingehen.

Industrie- und Agrarsektor

Zur Dekarbonisierung der Industrie bietet sich ebenfalls ein weitreichender Umstieg auf Strom an. Dieser kann, wie bereits erwähnt, verhältnismäßig einfach emissionsfrei erzeugt wer-den. Nur für relativ wenige Industrien ist eine Elektrifizierung nicht attraktiv, so dass hier andere Wege gefunden werden müssten. Dies trifft auch auf sogenannte Prozessemissionen zu.

Dabei handelt es sich um Emissionen, die nicht durch Energiegewinnung, sondern durch chemische Prozesse, zum Beispiel
in der Erdölchemie, zustande kommen. Möglichkeiten zur Vermeidung dieser Emissionen beinhalten die Substitution der betroffenen Produkte sowie – zumindest für gewisse Anwendun-
gen – den Einsatz der Kohlenstoffabscheidung und -speicherung
(Carbon Capture and Sequestration, CCS), bei der anfallendes
CO_2 nicht in die Atmosphäre entlassen, sondern in unterirdischen geologischen Formationen gespeichert wird.

In der Landwirtschaft ist der Ausstoß von Lachgas, etwa
durch sparsameren Umgang mit Dünger, deutlich reduzierbar.
Manche dieser Management-Praktiken könnten sich wirtschaftlich lohnen, selbst wenn man ihren Wert für den Klimaschutz
nicht mit in Betracht zieht. Mit Hilfe neuer Methoden des Pflü-
gens lassen sich Böden als CO_2-Speicher erhalten. Auch ein geringerer Fleischkonsum kann eine große Rolle in der Klimapolitik spielen. Denn die Umwandlung von pflanzlicher Nahrung
in nutzbare Energie im menschlichen Organismus verläuft weniger effizient, wenn ein tierischer Organismus als Zwischen-
schritt genutzt wird. Eine vegetarische Ernährung aller Menschen weltweit könnte die Treibhausgasemissionen aus der
Landwirtschaft, welche etwa 14% der Gesamtemissionen aus-
machen, um etwa ein Drittel, eine rein vegane Ernährung sogar
um die Hälfte senken.

Die Notwendigkeit negativer Emissionen

Ambitionierte Klimaschutzszenarien erfordern negative Emissionen, also das Entziehen von CO_2 aus der Atmosphäre. Beim
«Bioenergy with Carbon Capture and Storage» (BECCS) wird
das bei der Verbrennung von Biomasse erzeugte CO_2 eingefangen
und in unterirdischen Lagerstätten verpresst. Da Pflanzen beim
Wachstumsprozess der Atmosphäre CO_2 entziehen, das bei der
Verbrennung mit anschließendem Einfangen nicht mehr emittiert wird, stellt CCS in Verbindung mit Biomasse (BECCS) eine
vielversprechende Option dar, um negative Emissionen zu erzeugen. Daher könnte sich diese Technik als zentraler Bestandteil
ambitionierter Klimaschutzstrategien erweisen. Eine Nutzung

fossiler Energieträger wäre dann ein wenig länger möglich, weil nicht mehr die Atmosphäre als Deponieraum beansprucht würde, sondern der geologische Untergrund. Eine schlechte öffentliche Reputation hat CCS vor allem darum, weil es als Vorwand für die verlängerte Nutzung der Kohle empfunden wird.

Die CCS-Technik und die damit verbundene Logistik sind bisher jedoch nicht ausgereift genug, um sie bereits in großem Maßstab zu nutzen. Zwar sind die Abscheidungstechnologien und der Transport technisch verstanden, die Verfügbarkeit von sicheren Lagerstätten ist aber noch zu wenig erforscht. Auch sie ist nicht ohne Risiko. Entweicht selbst ein geringer Anteil des gespeicherten CO_2, wäre der positive Klimaeffekt bereits zunichtegemacht. Der mangelnden Nutzung von CCS stehen aber vor allem ökonomische und politische Gründe entgegen: Solange es keinen Preis für Emissionen gibt, hat kein Unternehmen ein Interesse, sich dieser Technik zu bedienen. Auch dürften derartige Projekte in vielen Ländern auf erheblichen Widerstand in der Bevölkerung stoßen.

Eine weitere Möglichkeit, um negative Emissionen zu erreichen, ist die Aufforstung ebenso wie das Einbringen von Holzkohle in Böden, wo sie gleichzeitig als Dünger fungieren würde («Biochar»). Auch die beschleunigte Verwitterung bestimmter Mineralien, wie beispielsweise Kalzit, wird diskutiert. Dieser natürliche Prozess, bei dem CO_2 aus der Atmosphäre gebunden wird, ließe sich durch das Verstreuen von zerkleinerten Mineralien beschleunigen. Ein weiterer Vorschlag ist die Ozeandüngung, also das Einbringen von Eisen, die zu enorm stimuliertem Algenwachstum führen könnte. Die Algen wären dann in der Lage, CO_2 aus der Atmosphäre aufzunehmen. Mögliche Konsequenzen dieser Maßnahme für die Nahrungskreisläufe in der Meeresbiologie sind bislang jedoch nur unzureichend erforscht. Zudem wäre ein Herausfiltern bereits ausgestoßener Emissionen aus der Luft mit künstlichen Bäumen, bei denen durch chemische Prozesse CO_2 gebunden wird (Direct Air Capture), denkbar. Da der Anteil von CO_2 in der Luft mit etwa 400 ppm, also 0,04 %, ziemlich gering ist, wäre ein solches Verfahren jedoch schon aus technischen Gründen aufwändig und kostspielig.

Auch wenn keine dieser Optionen ein Allheilmittel darstellt, so könnten sie doch in einem ausgewogenen Portfolio klimapolitischer Maßnahmen einen signifikanten Beitrag zur Vermeidung gefährlichen Klimawandels leisten.

Die Kosten und Risiken des Klimaschutzes

Worauf müssen wir verzichten, wenn wir Klimaschutz betreiben? Kann die Gesellschaft dann weniger in Bildung oder Gesundheitsfürsorge investieren? Um solche Fragen zu beantworten, messen Ökonomen volkswirtschaftliche Kosten immer als Opportunitätskosten. Natürlich kann man auch die Frage stellen, was die Gesellschaft gewinnt, wenn sie Klimapolitik betreibt. Bereits in Kapitel 1 haben wir argumentiert, dass wir keine Kosten-Nutzen-Analyse erstellen können. Daher verzichten wir auf eine monetäre Bewertung der Vorteile eines Klimaschutzes. Vielmehr muss es darum gehen, Wege aufzuzeigen, bei denen Klimaschutz in keinem Widerspruch zu anderen grundlegenden menschlichen Bedürfnissen steht.

Der Weltklimarat verwendet als Maß für die Kosten die volkswirtschaftlichen «Konsumverluste». Diese geben an, auf wie viel Einkommen, das ansonsten in anderen Bereichen eingesetzt werden könnte, man verzichten muss, um eine Stabilisierung des Klimasystems zu erwirken. Dabei geht es nicht nur um den privaten, sondern auch um den öffentlichen Konsum. Diese Berechnungen kommen zu dem Ergebnis, dass für ein ambitioniertes 2 °C-Ziel die globalen Kosten relativ moderat ausfallen. So fiele die Rate des jährlichen Wirtschaftswachstums nur um etwa 0,04 %, das heißt, man hätte dann laut der Modellszenarien 2,16 % anstatt 2,2 % Wachstum pro Jahr, wie in Abbildung 11 dargestellt. Das BIP würde sich im Laufe des 21. Jahrhunderts auch mit Klimapolitik immer noch mehr als verfünffachen. Eine Klimapolitik würde dann dazu führen, dass ein gegebenes Sozialprodukt lediglich ein Jahr später erreicht wird. Selbst für das 1,5 °C-Ziel käme es nur zu einer Reduktion des Wirtschaftswachstums um etwa 0,06 %, also von 2,2 % auf 2,14 %. Mittelfristig könnten die Kosten sogar deutlich niedriger sein, wenn

Verringerung der durchschnittlichen jährlichen Wachstumsrate relativ zu den Referenz-Szenarien (1.5°)

Abb. 11: Verringerung der jährlichen Rate des Wirtschaftswachstums zum Erreichen des 1,5 °C- sowie des 2 °C-Ziels im Jahr 2030, 2050 und 2100. Die Spannbreite gibt die Wachstumsminderungen relativ zu Referenz-Szenarien für verschiedene Modelle an. Über das 21. Jahrhundert würde im 1,5 °C-Szenario Klimaschutz die jährliche Wachstumsrate der globalen Wirtschaftsleistung um etwa 0,06 Prozent verringern. Schäden durch die Auswirkungen des Klimawandels sind hierin nicht berücksichtigt. Quelle: IIASA (2018)

Einsparungen durch effizientere Energienutzung die zusätzlichen Kosten karbonarmer Energien mehr als wettmachen.

Auf eine verkürzte und griffige Formel gebracht: Es kostet nicht die Welt, den Planeten zu retten – darum lohnt sich Klimaschutz. Allerdings können die Kosten regional sehr unterschiedlich sein und besonders für arme Länder ein Hindernis darstellen, zumindest wenn sie keine finanzielle Unterstützung zur Emissionsminderung erhalten.

Die Kosten für ambitionierten Klimaschutz könnten beträchtlich steigen, wenn bestimmte Technologien nur begrenzt oder gar nicht zur Verfügung stehen oder die Klimapolitik erst mit substantieller zeitlicher Verzögerung eingeführt wird. Wird der Ausbau erneuerbarer Energien stark eingeschränkt oder muss auf CCS in Verbindung mit Biomasse verzichtet werden, ist das 2°C-Ziel kaum mehr zu erreichen. Dieses Ergebnis ist umso bemerkenswerter, als hier verschiedene Modelle mit unterschiedlichen Weltsichten verglichen wurden, die zu folgendem robusten Ergebnis kommen: Eine verzögerte Klimapolitik erhöht die Kosten und lässt den Einsatz riskanter und nicht erprobter Vermeidungsoptionen notwendig werden. Die Einschränkung des Technologie-Portfolios führt umso stärker zu steigenden Kosten, je ambitionierter das Stabilisierungsziel und je ausgeprägter die Verzögerung ist. Je weniger Biomasse und CCS eingesetzt werden, beispielsweise aufgrund mangelnder sozialer Akzeptanz oder um Konkurrenz mit Nahrungsmittelproduktion zu vermeiden, desto größer ist der Anstieg der Kosten.

Die großskalige Nutzung von Biomasse gehört zu den wichtigsten Risiken einer ambitionierten Klimapolitik. Manche Szenarien gehen davon aus, dass mehr als ein Fünftel der globalen Ackerfläche für den Anbau von Pflanzen zur Erzeugung von Bioenergie genutzt wird. Als Folge der daraus entstehenden Konkurrenz um fruchtbaren Boden könnte es zu einem beträchtlichen Anstieg der Preise für Nahrungsmittel kommen, was vor allem die Ärmsten schädigt, die ihr Dasein ohnehin bereits am absoluten Existenzminimum fristen müssen. Die steigende Nachfrage nach Ackerland führt nicht nur zu verstärkter Entwaldung, sondern würde neben dem Erzeugen von mehr Treibhausgasemissionen auch negative Konsequenzen für die Biodiversität, etwa im Amazonas, bedeuten. Der zusätzliche Wasserverbrauch des extensiven Biomasseanbaus gefährdet außerdem Grundwasservorräte und verschärft die schon bestehende Wasserknappheit noch weiter. Eine nachhaltige Nahrungs- und Wasserversorgung der Erdbevölkerung, die gegen Ende des Jahrhunderts wohl auf mindestens 9 Milliarden Menschen angewachsen sein wird, kann dann nur durch eine drastische Steigerung der landwirtschaftlichen Erträge ermöglicht werden. Neue, effizientere Management-Methoden und neue Pflanzenzüchtungen, die auf wenig fruchtbaren Flächen gedeihen, könnten beispielsweise Abhilfe schaffen.

Die Kernkraft birgt ebenfalls große technische Risiken. Selbst bei gewissenhafter Planung lässt sich die Wahrscheinlichkeit katastrophaler Zwischenfälle, wie beispielsweise Terroranschläge, nicht völlig ausschließen. Ein weltweit starker Ausbau der Kernenergie verbunden mit Brütertechnologien, die zusätzlich zur Energiegewinnung auch spaltbares Material erzeugen, erhöht die Wahrscheinlichkeit, dass kernwaffenfähiges Material in die Hände extremistischer, instabiler Regime gerät. Auch ist die Lagerung des atomaren Abfalls bislang nicht zufriedenstellend gelöst.

Die Risiken eines Austritts von CO_2 aus geologischen Lagerstätten für Umwelt und Gesundheit sind relativ gering, da CO_2 keine giftige Substanz ist. Unterirdisch eingebrachtes CO_2 könnte jedoch Grundwasser versauern und zu einer erhöhten Konzentration von Arsen, Blei und Quecksilber führen, da sich diese Giftstoffe im Kontakt mit CO_2 besser lösen. Diese Befürchtungen haben zur Konsequenz, dass in mehreren Ländern eine Zulassung entsprechender Technologien selbst zu Testzwecken abgelehnt wurde. Solche Ängste mögen unbegründet sein. Gleichwohl vermochten Politik und Industrie bislang nicht, mit der lokalen Bevölkerung in einen produktiven Dialog über die Risiken zu treten.

Erneuerbare Energien sind – trotz ihres guten Rufes – ebenfalls nicht risikofrei. Das Aufstauen ganzer Täler für Wasserkraftwerke führt häufig zur Beeinträchtigung der Artenvielfalt. Für den Bau gigantischer Wasserkraftwerke werden oft Hunderttausende Menschen zwangsweise umgesiedelt, wie das Beispiel des Drei-Schluchten-Staudamms in China auf erschreckende Weise belegt. In Deutschland sterben durch Windräder jährlich zwischen zehn- und hunderttausend Vögel, begleitet vom lautstarken Protest der Tierschützer.

Die Weltgemeinschaft hat sich im Abkommen von Paris ein ambitioniertes Klimaziel gesetzt. Es ist jetzt an den nationalen Regierungen zu entscheiden, wie dieses Ziel erreicht werden soll. Die Regierungen werden daher mit der Bevölkerung in einen Dialog darüber treten müssen, welche Techniken zum Einsatz kommen sollen. Auch ein Dialog über die Risiken dieser Transformation ist unverzichtbar, wenn nicht am Ende die Klimapolitik auf nationaler und lokaler Ebene scheitern soll.

Eine stringente Klimapolitik wird zu einer Umlenkung von Investitionsströmen führen. Die Investitionen zur Stromerzeugung aus fossilen Energieträgern müssten zum Erliegen kommen, Ausgaben zur Erkundung und Förderung fossiler Ressourcen von momentan etwa 100 Mrd. € pro Jahr unterbleiben. Dem entgegen stünde eine Erhöhung der Investitionen in Energieeffizienz und erneuerbare Energietechnologien um mehrere 100 Mrd. € pro Jahr. Klimapolitik würde nicht nur Gewinner produzieren, sondern auch manche etablierte Industrien existentiell gefährden. Das macht deren teils massiven Widerstand gegen Klimaschutzmaßnahmen verständlich – angesichts der Risiken des Klimawandels ist er aber nicht zu rechtfertigen.

Wachstumsverzicht und Klimaschutz

Der Verzicht auf Wirtschaftswachstum wird als wichtiger Beitrag zum Klimaschutz diskutiert. Das ist auf den ersten Blick verständlich, denn das Wirtschaftswachstum ist der wichtigste Grund, warum die Emissionen in der Vergangenheit so stark gestiegen sind, sogar noch vor dem Bevölkerungswachstum. Darum erscheint es hilfreich, zwei Fragen zu beantworten: Erstens: Ist Wirtschaftswachstum trotz der begrenzten CO_2-Aufnahmefähigkeit der natürlichen Senken möglich? Zweitens: Ist Wirtschaftswachstum überhaupt wünschenswert?

Dass es in einer physisch begrenzten Welt kein unbegrenztes Wachstum der Bevölkerung und des Energieverbrauchs geben kann, ist eine Binsenweisheit. Allerdings geht dies an der Frage vorbei, ob Wirtschaftswachstum, das ja eine Geldgröße ist, von physischen CO_2-Emissionen entkoppelt werden kann. Die Kritiker des Wachstums wenden ein, dass es für eine solche Entkoppelungsstrategie zur Reduzierung der Emissionen einer Transformation der Weltwirtschaft bedürfe, die bislang ohne historisches Vorbild sei. Darum, so das Argument, könne der Umbau der Wirtschaft langsamer vorangetrieben werden, wenn man auf deren Wachstum vollständig verzichte. Man könnte dann auch auf riskante Technologien wie Biomasse, CCS und Kernenergie verzichten. Diese Hoffnung hat sich jedoch als trügerisch erwiesen. Auch bei geringem Wirtschaftswachstum sind immer noch große Fortschritte bei der Dekarbonisierung notwendig, und das Portfolio der Vermeidungsoptionen ändert sich nicht wesentlich. Selbst bei einem angenommenen Null-wachstum müsste die Kohlenstoffintensität (gemessen in Emissionen pro Einheit BIP) pro Jahr um mehr als 5 % sinken, um ambitionierte Klimaziele wie das 2 °-Ziel zu erreichen. Für das 1,5 °C-Ziel müssten noch sehr viel höhere Reduktionsraten erbracht werden. Das heißt, dass das globale Energiesystem fundamental umgebaut werden muss, selbst in dem Fall, dass die Weltwirtschaft nicht mehr wächst.

Wenn Technologien gesellschaftliche Kosten und Risiken verursachen, entsteht daraus die Notwendigkeit, diese Kosten den Nutzern der Technologien anzurechnen. Ein genereller Wachstumsverzicht könnte dies nicht leisten. Er würde lediglich zu Kosten von ca. 1600 US$ pro eingesparter Tonne CO_2-Äquivalente führen,[*] ohne dabei die sozialen Risiken der Technologien angemessen zu berücksichtigen. Die Einhaltung der 2 °C-Grenze wäre aber bereits mit einem sehr viel niedrigeren Preis pro eingesparter Tonne CO_2-Äquivalente möglich, insofern er einen Suchprozess nach den günstigsten Vermeidungsoptionen freisetzt, etwa den Ersatz von Kohlekraftwerken durch Windräder. Wenn durch entsprechende Anreizmechanismen dem technischen Fortschritt eine neue Richtung gegeben werden kann, so dass Wirtschaftswachstum und Emissionsminderung nicht im Widerspruch zueinander stehen, ist Wachstumsverzicht nicht zwingend notwendig für ambitionierten Klimaschutz. Die hierfür nötigen politischen Rahmenbedingungen werden in Kapitel 4 diskutiert.

Die Befürworter eines Wachstumsverzichts argumentieren, dass Wirtschaftswachstum zumindest in den reichen Ländern längst nicht mehr zu besseren Lebensbedingungen führt. Mit anderen Worten, während das Sozialprodukt weiter steigt, stagniert die Lebenszufriedenheit. Selbst wenn dieser empirische Befund umstritten ist, so zeigt er doch, dass Lebenszufrieden-

---

[*] Wenn man davon ausgeht, dass eine Reduktion der Wirtschaftsleistung um 1 % die Emissionen ebenfalls um 1 % senkt, ergibt dies bei einem gegenwärtigen globalen BIP von ca. 80 Billionen US$ und einem Treibhausgasausstoß von etwa 50 Gt CO_2-Äquivalenten eine Verringerung des BIP von gut 1600 US$ pro eingesparter Tonne CO_2-Äquivalente.

heit und Wirtschaftswachstum auseinanderfallen können. Wirtschaftswachstum ließe sich normativ nur dann rechtfertigen, wenn es stark mit der Lebenszufriedenheit oder, allgemeiner formuliert, mit Wohlstand im Sinne guter Lebensbedingungen korreliert. Die Diskussion um die normative Rechtfertigung des Wirtschaftswachstums ist daher eine Diskussion darüber, was eigentlich unter Wohlstand zu verstehen sei. Es dürfte klar sein, dass Wirtschaftswachstum kein Ziel an sich sein kann, sondern lediglich ein Mittel, um grundlegende Werte wie Freiheit oder Glück zu erreichen. Daraus folgt aber keineswegs, dass eine Schrumpfung des Sozialproduktes sinnvoll wäre; denn dies würde bedeuten, dass auch weniger Investitionen, beispielsweise in das Gesundheits- oder Bildungswesen, getätigt werden könnten. Dies ist insbesondere für arme Länder, von denen in den vergangenen Jahren bereits der größte Teil des globalen Treibhausgasausstoßes stammte und für die ein starker Anstieg der zukünftigen Emissionen erwartet werden kann, von wesentlicher Bedeutung.

Halten wir fest: Wirtschaftswachstum und Klimaschutz sind nicht notwendigerweise im Widerspruch; ein Wachstumsverzicht ist eine kostspielige Option des Klimaschutzes. Wirtschaftliche Anreize für Innovationen können dem technischen Fortschritt eine neue Richtung geben und auf diese Weise die Kosten des Klimaschutzes entscheidend reduzieren. Damit ist aber noch nichts darüber ausgesagt, ob Wirtschaftswachstum wünschenswert ist. Man sollte nicht den Fehler begehen, im Namen des Klimaschutzes Wachstumsverzicht zu fordern. Die Debatte um den Wachstumsverzicht in den reichen Ländern kann von der Klimapolitik entkoppelt werden. In den Entwicklungs- und Schwellenländern wird ohnehin weiteres Wirtschaftswachstum notwendig sein, um gleichzeitig in Klimaschutz und Armutsbekämpfung zu investieren.

Anpassung – auch bei erfolgreicher Klimapolitik unvermeidlich

Selbst wenn es gelingen sollte, die Erhöhung der globalen Mitteltemperatur auf 2 °C zu begrenzen, wird die Erwärmung in manchen Gegenden der Welt deutlich höher als im weltweiten Durchschnitt ausfallen. Die daraus resultierende Anforderung für Gesellschaften heißt Anpassung: durch den Bau höherer Deiche; die Verbesserung der Bewässerungssysteme; die Züchtung neuer Pflanzensorten, welche gegen Wasserknappheit resistenter sind; die Installation von Klimaanlagen in Altenheimen, damit alte Menschen Hitzewellen besser überstehen. Bei der Anpassung geht es aber nicht nur um technische Maßnahmen, sondern auch darum, wie ganze Gesellschaften flexibel auf die – oft unvorhergesehenen – Auswirkungen des Klimawandels reagieren können. Um den Anforderungen veränderter Krankheitsbilder gerecht zu werden, sind Reformen der Gesundheitssysteme unabdingbar. Bauern hingegen benötigen eine bessere Absicherung gegen Klimaschäden.

Selbst bei einer erfolgreichen Klimapolitik werden sich Menschen an den unvermeidbaren Klimawandel anpassen, indem sie vor ihm fliehen. In der Wissenschaft wird seit geraumer Zeit darüber diskutiert, ob der Klimawandel die Flüchtlingskrise mit verursacht haben könnte. Die Dürre in Syrien zwischen 2006 und 2010 war den Daten zufolge die schlimmste der letzten 900 Jahre. Aufgrund dieser ungewöhnlich langen Trockenperiode sind etwa 20 000 Menschen geflohen. Diese Flucht, so die Vermutung mancher Forscher, hätte dann 2011 zu den Aufständen geführt, die wiederum Auslöser für den Bürgerkrieg gewesen seien. Andere widersprechen dieser einfachen Kausalkette und weisen darauf hin, dass die Streichung der Subventionen durch die Assad-Regierung die Aufstände ausgelöst hat, weil davon vor allem die arme Bevölkerung betroffen gewesen sei. Auch wurde ins Feld geführt, dass der Einbruch in der Nahrungsmittelproduktion hauptsächlich durch eine Verschwendung der fossilen Grundwasservorkommen ausgelöst wurde. Zudem konnten Forscher bislang nicht nachweisen, dass sich die Anzahl von Dürren in Afrika in den letzten Jahren statistisch in signifikanter Weise erhöht habe, so ein weiteres Argument. Es ist daher bislang unklar, ob der Klimawandel bereits jetzt für die vermehrten Dürren verantwortlich ist. Sollten die Dürren auf das Konto des Klimawandels gehen, wären durch eine vernünftige Politik Hunger, Flucht und Vertreibung zu vermeiden gewesen.

Die entscheidende Frage ist also nicht, ob der Klimawandel oder die Politik die Menschen in die Flucht getrieben hat. Der Klimawandel wird in Zukunft die Anzahl der Dürren in Afrika weiter erhöhen und das Armutsgefälle zwischen Europa und Afrika wird wahrscheinlich weiter zunehmen. Es ist ein plausibles Szenario, dass künftig mehr Menschen nach Europa fliehen werden. Aber schon heute hat die Zuwanderung von mehr als einer Millionen Menschen im Jahr 2015 zu einer politischen Krise geführt, die die Lösungskapazitäten der europäischen Regierungen überfordert. Der Klimawandel wird selbst bei erfolgreicher Klimapolitik auch reichen Gesellschaften sehr viel höhere Anpassungsleistungen abverlangen, von denen unklar ist, ob diese sie erbringen können. Ohne Maßnahmen zum Klimaschutz könnten die Folgen eines ungebremsten Temperaturanstiegs die Anpassungsfähigkeit vieler Länder übersteigen.

Solar Radiation Management – der letzte Pfeil im Köcher?

Wenn die ambitionierte Klimapolitik scheitert und die Anpassung ihre Grenzen erreicht, hat die Menschheit dann nur noch eine letzte Option – das Geo-Engineering? In diesem Abschnitt wollen wir darstellen, wie sich der Einfall von Sonnenlicht vermindern lässt (Solar Radiation Management, SRM), um damit eine weitere Erwärmung zu vermeiden.

Der erste ernsthafte Vorschlag zu SRM stammt von Paul Crutzen, der für seine Forschung zum Ozonloch mit dem Nobelpreis für Chemie ausgezeichnet wurde. Crutzen regte im Jahr 2006 an, Schwefeldioxid in die Stratosphäre zu befördern. Die Mikropartikel würden einfallendes Sonnenlicht reflektieren und somit den Energiehaushalt der Atmosphäre in die gewünschte Richtung beeinflussen. Der Vorteil dieses Ansatzes ist, dass er relativ leicht und kostengünstig zu realisieren wäre. Einige wenige Düsenjets würden ausreichen, um das erforderliche SO_2 einzubringen, alternativ könnte man es auch dem Flugbenzin normaler Linienmaschinen beimischen. Sollten sich unvorhergesehene Nebenwirkungen ergeben, wäre eine sofortige Beendigung der Maßnahmen möglich, da sich SO_2 in wenigen Wochen durch Regen aus der Atmosphäre löst. Der kontinuierliche Einsatz von SO_2, das nur begrenzte Zeit in der Atmosphäre verbleibt, hätte jedoch sauren Regen zur Folge. Entscheidender ist, dass durch SRM-Ansätze bestenfalls die globale Mitteltemperatur stabilisiert würde. Eine Veränderung des regionalen Klimas träte aufgrund veränderter Wolkenbildung und hydrologischer Zyklen trotzdem ein. Eine Verwendung von SRM als Ersatz für Emissionsminderungen würde auch zu einem weiteren Anstieg der CO_2-Konzentration und eine Versauerung der Ozeane führen. Marine Ökosysteme, die für die Ernährung der Menschheit im 21. Jahrhundert eine zentrale Rolle spielen könnten, würden damit weiter geschädigt.

Der Vorschlag des ehemaligen US-Energieministers Steven Chu, Dächer und Straßen weiß zu streichen, um damit mehr Sonnenlicht zu reflektieren, erscheint machbar, allerdings dürfte die Wirksamkeit dieser Maßnahme begrenzt sein. Andere Ideen, wie beispielsweise die Installation riesiger Spiegel im Weltraum, die Sonnenlicht von der Erde abhalten sollen, mögen interessante Science-Fiction-Optionen sein, auf die die Klimapolitik der nächsten Dekaden jedoch nicht setzen sollte.

Manche Vorschläge zur praktischen Umsetzung von SRM sind relativ kostengünstig und können von einzelnen Ländern im Alleingang eingesetzt und für die Weltgemeinschaft bereitgestellt werden. Eine Kooperation der internationalen Staatengemeinschaft wäre auf den ersten Blick gar nicht notwendig. Zwar legt die Environmental Modification Convention fest, dass Eingriffe ins Wetter (wie bereits in vielen Fällen geschehen, um etwa gezielt Regen zu erzeugen) nicht in feindlicher Absicht getätigt werden dürfen. Für SRM lässt sich diese Konvention aber kaum anwenden. Der unilaterale Einsatz von SRM könnte sich für manche Länder als nachteilig herausstellen, was dann deren Widerstand gegenüber entsprechenden Maßnahmen zur Folge hätte. Die Hoffnung, ein internationales Abkommen zu SRM sei leichter zu vereinbaren als ein Abkommen zur Begrenzung des Klimawandels, wird sich schnell als Illusion herausstellen. Bei fortschreitendem Klimawandel – und den damit verbundenen Schäden – könnte sich ein Land zum Einsatz von SRM entscheiden, ohne dabei die möglichen negativen Auswirkungen für andere Länder zu berücksichtigen. Verstärkte Konflikte, sogar Kriege, könnten die Folge einer solchen Entwicklung sein.

Fassen wir zusammen: Es wäre grob fahrlässig, würde man auf SRM-Optionen Wetten abschließen und damit die Verminderung von Emissionen unterlassen. Aber wäre es nicht trotzdem sinnvoll, diese Möglichkeiten des SRM weiter zu erforschen, um sie zumindest als Versicherung gegen das Scheitern einer ambitionierten Klimapolitik in der Hinterhand zu haben? An dieser Frage scheiden sich die Geister. Die einen drängen darauf, alle Optionen zu explorieren, um klimapolitischem Handeln die größtmögliche Flexibilität zu ermöglichen. Die anderen aber warnen davor, dass SRM als «Plan B» unweigerlich dazu führen wird, Emissionsminderungen auf die lange Bank zu schieben. SRM würde dann zu einer sich selbst erfüllenden Prophezeiung. Dieses Dilemma lässt sich nur dann entschärfen, wenn ein rascher Einstieg in eine effektive Klimapolitik gefunden werden kann. Ein solcher Einstieg sollte auch im Interesse der Verfechter von «Plan B» sein, denn diese geben ebenfalls zu, dass der Einsatz von SRM-Techniken mit großen Risiken verbunden ist. Folglich müssten auch sie die Umsetzung einer ambitionierten Klimapolitik in der nächsten Dekade als ihr Ziel identifizieren, weil sich nur so die Risiken dieser Technologie begrenzen lassen.

Aus diesem Grund sollte die Diskussion über Geo-Engineering nicht von der zentralen Aufgabe der Klimapolitik ablenken, die Atmosphäre als globales Gemeinschaftseigentum der Menschheit nachhaltig zu bewirtschaften. Die hierfür notwendige Festlegung von Nutzungsrechten, ihre Verteilung und zeitliche Begrenzung erfordert eine weltweite Übereinkunft. Je begrenzter der Deponieraum ist, desto intensiver dürften die Konflikte um diese Nutzungsrechte sein. Noch hat die Menschheit wenig Erfahrung mit der gerechten und effizienten Nutzung globaler Gemeinschaftsgüter. Daher kommt, wie im folgenden Kapitel dargestellt wird, der Klimapolitik eine besondere Bedeutung zu. Sie hat für die internationale Kooperation auf vielen Feldern eine Vorbildfunktion.

4. Instrumente und Institutionen der Klimapolitik

Klimapolitik ist eine globale Herausforderung. Aber wer kann dem Klimawandel Einhalt gebieten? Wenn alle verantwortlich sind, dann ist keiner verantwortlich. Sollen wir weniger Fleisch essen, sollen die Regierungen die erneuerbaren Energien subventionieren? Soll Deutschland voranschreiten oder sollen wir auf die nächste Klimakonferenz warten? Die Beantwortung dieser Fragen läuft meist Gefahr, in ein unproduktives Entweder-oder abzuleiten. Dabei wird Klimapolitik nur dann erfolgreich sein können, wenn sie auf fünf Ebenen ansetzt.

Auf *internationaler Ebene* müssen Klimadiplomaten ein internationales Abkommen aushandeln. Wir werden zeigen, wie nationale Klimapolitik und individuelle Anstrengungen ins Leere laufen, wenn es keinen globalen Ordnungsrahmen gibt. Das Abkommen von Paris kann diesen globalen Ordnungsrahmen zumindest ermöglichen.

Auf *europäischer Ebene* gibt es eine Vielzahl von Zielen und Instrumenten. Zentral wird die Reform des Emissionshandels sein. Er muss so ausgestaltet werden, dass die Mitgliedsstaaten der Europäischen Union ihre eigene Klima- und Energiepolitik verfolgen können.

Auf *nationaler Ebene* wird in Deutschland um den Ausstieg aus der Kohle gerungen. Wenn dieser jedoch nicht in eine europäische Politik eingebettet wird, werden die Emissionen in

Europa trotzdem nicht sinken. Auch muss Deutschland seinen Kohleausstieg so gestalten, dass er für andere Länder wie Australien, Südafrika oder die Türkei zumindest nicht abschreckend wirkt.

Auf *subnationaler Ebene* schließen sich bereits die Bürgermeister der großen Städte zu einer Klimakoalition für nachhaltige Städte zusammen. Die Kommunalpolitik ist ein bislang unterschätztes Feld der Klimapolitik, vor allem wenn es um die Verminderung von Transportemissionen geht.

Und schließlich werden *Bürger und Zivilgesellschaft* gegen neue Kohlekraftwerke protestieren, für oder auch gegen die Schließung von Kohleminen kämpfen, weniger Fleisch essen und sich fragen, ob sie mit ihren Ersparnissen den Bau von Kohlekraftwerken finanzieren wollen.

In diesem Kapitel soll gezeigt werden, dass sich die internationale, europäische, nationale, kommunale und individuelle Ebene gegenseitig beeinflussen, sich die Maßnahmen verstärken, aber auch behindern können. Wie kann Klimapolitik auf diesen Ebenen so ausgestaltet werden, dass eine optimale Abstimmung der Maßnahmen gelingt? Dabei lassen wir uns in diesem Kapitel von folgenden Ideen leiten:

Die Arbeitsteilung zwischen Staat und Markt legt diesen Ordnungsrahmen fest: Individuelle Verhaltensänderungen werden nur dann zum Ziel führen, wenn das Zusammenspiel zwischen Staat und Markt funktioniert. Viele Maßnahmen auf individueller Ebene mögen gut gemeint sein, führen aber oft nur zu geringen Emissionsminderungen. Um zu vermeiden, dass individuelle Anstrengungen ins Leere laufen, bedarf es einer effektiven Klimapolitik. Effektiv ist eine Klimapolitik, wenn sie zu sinkenden Emissionen führt. Eine Klimapolitik ist effizient, wenn sie die gesetzten Ziele ohne Verschwendung von Mitteln – also mit minimalen Kosten – erreicht. Effizienz hat daher auch eine ethische Implikation. In einer Welt der Knappheit und Armut kann Verschwendung kaum gerechtfertigt werden, denn es wird vornehmlich darum gehen, Klimaschutz und Armutsbekämpfung zu vereinbaren. Vor allem aber wollen wir zeigen, wie Klimapolitik so ausgestaltet werden kann, dass sie Haushalte mit niedrigem Einkommen nicht überproportional belastet, wie dies etwa bei der deutschen Energiewende der Fall ist. Die Effektivität, Effizienz und Verteilungsgerechtigkeit bedarf eines Rahmens, der durch Regierungen festgelegt werden muss.

Moralische Haltung und ökonomische Anreize: In der Umweltbewegung stoßen ökonomische Instrumente, wie eine CO_2-Steuer oder der Emissionshandel, auf Skepsis, weil sie vor allem die egoistischen Tendenzen im Menschen anzusprechen scheinen und Haltungen wie Solidarität und Altruismus zurückzudrängen drohen. In der Tat gibt es Beispiele, dass von außen angeregte Anreize intrinsische Motivationen unterdrücken. Wer für seine Emissionen bezahlen muss, so die Befürchtung, könnte die Bereitschaft zur freiwilligen Emissionsreduktion verlieren. Aber gerade die Verhaltensforschung zeigt, dass dies nicht der Fall ist. Im Gegenteil: Die Bereitschaft zu freiwilligen Beiträgen sinkt, wenn Menschen die Erfahrung machen müssen, dass ihr Engagement zu nichts führt, weil etwa andere das moralische Verhalten nicht nachahmen. Zudem hat eine Bepreisung von Emissionen zur Folge, dass CO_2-armes Konsumverhalten günstiger wird als emissionsintensives. Daher werden Menschen nicht mehr gezwungen, sich zwischen dem, was für sie persönlich von Vorteil ist, und dem, was moralisch richtig ist, zu entscheiden.

Die Richtung des technischen Fortschritts: Bereits in Kapitel 3 haben wir argumentiert, dass die Herausforderung einer ambitionierten Klimapolitik nicht ohne neue Technologien zu bewältigen ist, vor allem dann nicht, wenn es auch für Entwicklungs- und Schwellenländer wirtschaftliche Entwicklungsmöglichkeiten geben soll. Daher sind ökonomische Instrumente von grundlegender Bedeutung, weil durch sie dem technischen Fortschritt eine neue Richtung gegeben werden kann. Diese veränderte Richtung des technischen Fortschritts soll helfen, Wirtschaftswachstum vom Emissionswachstum zu entkoppeln. Wer der Auffassung ist, dass reiche Gesellschaften auf Wirtschaftswachstum verzichten sollen, kann diese Option immer noch vertreten. Aber die Klimapolitik zwingt nicht dazu. Dadurch könnten auch Wachstumsbefürworter die Klimapolitik unterstützen. Die Frage nach der Wünschbarkeit des Wachstums muss dann nicht mehr unter dem Diktat eines klimapolitischen Imperativs diskutiert werden, sondern als Antwort auf die Frage, wie wir leben wollen.

Die Darstellung des Zusammenspiels zwischen den genannten Politikebenen in diesem Kapitel sollte entlang des geschilderten Leitfadens verstanden werden.

Ein Preis für Emissionen und andere Politikinstrumente

Vom 19. Jahrhundert bis in die Mitte des 20. Jahrhunderts war vor allem Arbeit knapp, was zu steigenden Reallöhnen führte. Die Unternehmer konnten das Abschmelzen ihrer Gewinne nur verhindern, indem sie die Arbeitsproduktivität erhöhten. Das Klimaproblem erzeugt im 21. Jahrhundert ein neues Knappheitsproblem: Die Aufnahmefähigkeit der Atmosphäre als Deponieraum für CO_2 ist begrenzt. Die Knappheit kann durch einen Preis für Emissionen in einen wirtschaftlichen Anreiz übersetzt werden, Emissionen einzusparen. Ein steigender Emissionspreis ist nötig, um den Firmen und Konsumenten diese Knappheit zu signalisieren. Er schafft einen Anreiz, um dem technischen Fortschritt eine neue Richtung zu geben. Grundsätzlich müsste allen Treibhausgasen ein Preis zugewiesen werden. Da weltweit Preissysteme für CO_2 vor allem im Energiesystem eingeführt sind, beschränken wir uns im Folgenden auf diesen Bereich. Eine Diskussion der Bepreisung anderer Treibhausgase sowie Emissionen aus der Landnutzung würde den Rahmen dieses Abschnitts sprengen.

Ein CO_2-Preis führt dazu, dass emissionsintensive Produktionsprozesse weniger rentabel sind und durch klimafreundliche Technologien ersetzt werden. Der CO_2-Preis schafft einen Anreiz für Unternehmen und Konsumenten, nach den günstigsten Vermeidungsoptionen zu suchen. Ein durch die Politik festgelegtes Kohlenstoffbudget lässt sich auf diese Weise mit minimalen volkswirtschaftlichen Kosten erreichen: Die Energienachfrage kann eingeschränkt, Windkraftwerke können gebaut, Elektroautos entwickelt und bessere Dämmstoffe eingesetzt werden. Niemand weiß genau, was die kostengünstigste Option ist, daher ist es entscheidend, dass ein Suchprozess nach den kostengünstigsten Vermeidungsoptionen ausgelöst wird. Diese Suchprozesse sind umso effizienter, je mehr Akteure aus den verschiedenen Ländern, Sektoren und Technikbereichen sich an ihnen beteiligen.

Ein weltweit einheitlicher CO_2-Preis löst in allen Regionen und Sektoren diese Suchprozesse gleichermaßen aus. Er wäre aber nur dann optimal und zugleich fair, wenn Länder mit geringem Einkommen von den reichen Ländern Transferzahlungen erhielten. Denn nur dann werden die Lasten des Klimaschutzes gerecht verteilt. Ohne eine gerechte Lastenverteilung wird es kaum zur internationalen Kooperation kommen, die für das Einhalten der 2 °C-Grenze unverzichtbar ist. So zeigen Modellrechnungen, dass die unterschiedlichen nationalen CO_2-Preise zu einem weltweit einheitlichen sowie ansteigenden Preis konvergieren müssen, damit die zur Einhaltung der 2°-Grenze notwendigen Techniken zum Einsatz kommen können (siehe Kapitel 3).

Eine Bepreisung von CO_2 wird aber für eine vernünftige Klimapolitik nicht ausreichen. Zusätzliche Maßnahmen werden nötig sein, weil in der realen Welt die Märkte nicht optimal funktionieren. Die Rede ist daher von Konzepten gegen weiteres Marktversagen, die den CO_2-Preis ergänzen müssen. Entscheidend ist jedoch, dass diese die CO_2-Bepreisung zwar komplettieren, aber nicht ersetzen können. Folgende Maßnahmen sind in diesem Zusammenhang besonders relevant:

Investitionen in Forschung und Entwicklung: Märkte werden nicht ausreichend in Forschung und Entwicklung investieren, weil von neuen Produkten und Verfahren nicht nur diejenigen Firmen profitieren, die darin investiert haben, sondern die gesamte Wirtschaft. Daher ist von einer zu geringen Investition auszugehen, was wiederum die Notwendigkeit von öffentlichen Investitionen als Ergänzung zu privaten Forschungs- und Entwicklungsausgaben bedingt. Es müssen mehr öffentliche Forschungs- und Entwicklungsausgaben im Bereich erneuerbare Energien, Energieeffizienz und Speichertechnologien getätigt werden.

Förderung neuer Technologien: Neue Technologien – wie etwa die erneuerbaren Energien – können sich am Markt nur dann durchsetzen, wenn es genügend ausgebildete Fachkräfte gibt, die diese verkaufen, installieren und instand halten können. Obwohl beispielsweise in vielen afrikanischen Ländern die Stromgestehungskosten für Wind und Solar sehr gering sind, werden die erneuerbaren Energien dort nicht ausgebaut, weil es zu wenige Fachkräfte gibt. Erhöhte Investitionen in die Ausbildung werden nötig sein, um diesen Engpass zu beheben.

Subventionierung von Kapitalkosten: Investoren, die in besonders risikoreiche Projekte investieren, müssen bei Krediten hohe Aufschläge bei den Zinsen in Kauf nehmen. Da die Kapitalkosten bei der Installation von Wind- und Solaranlagen beträchtlich sind, werden diese Projekte schnell unrentabel. Als Instrumente kommen hier subventionierte Kredite oder eine direkte Subventionierung der Kapitalkosten in Betracht.

Bereitstellung von Informationen: Warum werden Häuser zu wenig gedämmt, warum werden nicht mehr benzinsparende Autos gekauft, warum steckt die Elektromobilität noch in den Kinderschuhen? Diese Anschaffungen lohnen sich bereits heute, werden aber nicht getätigt, weil die Konsumenten die Vorteile nicht wahrnehmen oder gar nicht wahrnehmen können, da sie nicht über die nötigen Informationen verfügen oder nicht die Kapazität haben, ihre optimalen Ausgaben zu berechnen. Eine CO_2-Bepreisung allein wird diese Probleme nicht beseitigen. Daher werden als ergänzende Maßnahmen die Einführung von Effizienzstandards bei Autos oder Gebäuden vorgeschlagen, Prämien für den Kauf von Elektroautos, aber auch die kostenlose Bereitstellung von Informationen, wie Konsumenten ihren Energieverbrauch mit wenig Aufwand verringern können.

Warum wir internationale Klimapolitik benötigen

Wozu bedarf es eigentlich internationaler Klimaverhandlungen? Wie wir in Kapitel 3 gesehen haben, muss die Nutzung des Deponieraums Atmosphäre begrenzt werden. Da die Atmosphäre ein Gemeinschaftsgut der gesamten Menschheit ist, bedarf es einer globalen Vereinbarung, die festlegt, wie dieser Deponieraum von allen nachhaltig genutzt werden kann. Weil es jedoch keine Weltregierung gibt, die durch ihr Gewaltmonopol Gesetze erzwingen und durchsetzen kann, sind nur freiwillige Vereinbarungen möglich. Solche freiwillige Vereinbarungen leiden jedoch daran, dass jedes Land einen Anreiz hat, von den Emissionsminderungen der anderen zu profitieren, ohne selbst einen Beitrag zu leisten. Dieses sogenannte Trittbrettfahrerverhalten muss unterbunden werden – und das ist die zentrale Aufgabe eines internationalen Klimaabkommens. Internationale Abkommen, wie das Abkommen von Paris, werden nur dann effektiv und stabil sein, wenn es künftig gelingt, das Trittbrettfahrerverhalten einzudämmen. Die Erfahrungen mit internationalen Abkommen sind hier nicht besonders ermutigend.

Es hat daher immer wieder Versuche gegeben, das Klimaproblem ohne internationale Verhandlungen zu lösen. Drei Ansätze versprechen eine Lösung ohne den mühevollen Umweg über internationale Verträge. Wir werden sie im Folgenden betrachten und begründen, warum sie die internationale Klimapolitik nicht ersetzen können, mag der Weg zu einem wirksamen internationalen Abkommen noch so langwierig und aufwändig sein. Hier steht uns keine Abkürzung zur Verfügung.

Die Hoffnung auf den technischen Fortschritt

Es bedürfte keiner internationalen Verhandlungen, wenn die Alternativen zu Kohle, Öl und Gas auf einen Schlag so billig würden, dass es keinen Grund mehr gäbe, die fossilen Energieträger zu nutzen. Das Vermögen der Besitzer von Kohle, Öl und Gas wäre damit zwar entwertet, für die Volkswirtschaft als Ganzes entstünde dadurch jedoch ein Mehrwert, weil sie dann die billigeren Technologien nutzen könnte. Daraus ergibt sich ein grundlegend anderer Politikansatz: Der technische Fortschritt bei den erneuerbaren Energien muss so schnell wie möglich durchgesetzt werden. Der Klimaschutz wäre dann nicht das Ergebnis einer internationalen Vereinbarung, sondern eines raschen, disruptiven Innovations- und Diffusionsprozesses. In

diesem Paradigma hätte die deutsche Energiewende eine bei-
spielgebende Funktion und könnte von anderen Ländern nach-
geahmt werden. Die Subventionierung von erneuerbaren Ener-
gietechniken beschleunigt technologische Lerneffekte und würde
darum zum zentralen Politikinstrument der Klimapolitik. Die
Transformation des Energiesystems würde sich auch dann lohnen, wenn es gar kein Klimaproblem gäbe: Ein Energiesystem,
das hauptsächlich auf erneuerbaren Energien beruhte, wäre
dann langfristig gesehen billiger als das fossile Energiesystem.
Da man auf den Deponieraum Atmosphäre folglich ohnehin
nicht mehr angewiesen wäre, wären auch keine weiteren internationalen Verhandlungen hierzu nötig.

Auf den ersten Blick erscheint dieser Ansatz der Klimapolitik
vielversprechend. Was ist an diesem Paradigma irreführend?
Die einfache Antwort: Es vernachlässigt das Angebot der fossilen Energieträger. In Kapitel 3 haben wir gezeigt, dass die Aufnahmefähigkeit der Atmosphäre bei 1100 Gt CO_2 erschöpft ist,
wenn der Anstieg der globalen Mitteltemperatur auf 2 °C begrenzt werden soll. Es lagern jedoch noch etwa 15000 Gt CO_2
an fossilen Energieträgern im Boden. Werden CO_2-freie Technologien wie die Kernenergie oder die erneuerbaren Energien
subventioniert, steigt deren Marktanteil, während fossile Energieträger weniger nachgefragt werden. Allerdings wird dieser
Rückgang zum Teil dadurch kompensiert, dass bei sinkender
Nachfrage die Preise der fossilen Energieträger fallen und insgesamt mehr Energie verbraucht wird, insbesondere in Ländern
ohne stringente Klimaziele. Das bedeutet, dass die zusätzliche
CO_2-freie Energie nicht eins zu eins von einem Rückgang fossiler Energieträger begleitet wird. Grundsätzlich wäre es möglich,
darauf mit einer vermehrten Subventionierung der CO_2-freien
Techniken zu reagieren. Aber je größer das Angebot an fossilen
Energieträgern ist und je langsamer die Kosten der CO_2-freien
Alternativen sinken, umso teurer wird diese Option. Die billiger werdenden fossilen Energieträger verhindern eine rasche
Diffusion der erneuerbaren Energien, und das Wettrennen zwischen billigeren fossilen und billigeren erneuerbaren Energien
würde zu einem starken Anstieg des Energieverbrauchs und der

Emissionen führen. Die Förderung des technischen Fortschritts der CO_2-freien Technologien ist daher zwar eine Ergänzung, aber sicher kein Ersatz für eine internationale Klimapolitik.

Divestment und globale Zivilgesellschaft

Im Vorfeld zum Pariser Abkommen war in der globalen Zivilgesellschaft eine erhebliche Skepsis gegenüber den Erfolgsaussichten der Verhandlungen spürbar. Aus diesem Grund protestierten 2014 viele tausend Menschen in New York für einen ambitionierten Klimaschutz. Papst Franziskus trug mit seiner Enzyklika *Laudato si'* 2015 zu dieser Mobilisierung bei. Aber die Zivilgesellschaft protestiert nicht nur, sie verfolgt auch eine sogenannte Divestment-Strategie, der sich zum Beispiel die britische Tageszeitung «The Guardian» angeschlossen hat. Einige amerikanische Elite-Universitäten, wie die Stanford University, oder der norwegische Staatsfond kündigten bereits die Umstrukturierung ihres Aktienportfolios an. Die Allianz-Versicherung verkauft Aktien der Firmen, die mehr als 30% ihres Umsatzes mit Kohle erzielen.

Worum geht es der Divestment-Bewegung? Universitäten, Pensionsfonds, Kleinaktionäre und Versicherungsgesellschaften investieren nicht mehr in jene Firmen, die fossile Energieträger explorieren, fördern und in fossilen Kraftwerken nutzen. Auch wenn die Divestment-Bewegung bislang zu kaum mehr geführt hat als zu symbolischer Politik, hat die fossile Energiewirtschaft bereits mit einem erheblichen Reputationsverlust zu kämpfen. Bislang hat die Divestment-Bewegung noch keinen durchschlagenden Erfolg. Aber könnte diese Bewegung zu einer Dekarbonisierung der Weltwirtschaft beitragen, wenn sich daran ausreichend viele Investoren beteiligten? Dieser Weg scheint auf den ersten Blick vielversprechend: So wird behauptet, dass etwa 90 Unternehmen für zwei Drittel der weltweiten Emissionen verantwortlich sind, die von 1850 bis 2010 emittiert wurden; darunter Unternehmen wie Chevron, ExxonMobil, Saudi Aramco, BP, Gazprom und Shell. Wenn die Aktien von Unternehmen des fossilen Sektors verkauft würden, hätte dies einen gesunkenen Unternehmenswert dieser Firmen zur Folge. Dadurch würde es für diese Firmen schwieriger, sich in Zukunft neu zu finanzieren, was ihnen einen Nachteil gegenüber Unternehmen, die auf CO_2-arme Energie setzen, bescheren würde. Um dieses Ziel zu erreichen, müsste die Divestment-Bewegung aber die Investoren dazu bringen, eine geringere Rendite zu akzeptieren. Dazu müssten sie verhindern, dass einige Investoren die fossilen Unternehmen aufgrund ihres geringeren Unternehmenswertes aufkaufen und weiterhin mit fossilen Energien Gewinne machen. Lässt sich die Kooperation zwischen Investoren aber wirklich leichter lösen als die zwischen Nationalstaaten? Für diese Annahme gibt es keinen überzeugenden Grund. Auch die Investoren hätten einen starken Anreiz, die Kooperation aufzukündigen und damit ihre Renditen zu erhöhen. Diese könnten sie in Form von Dividenden an ihre Aktionäre ausschütten. Somit würde sich das Trittbrettfahrerverhalten einiger Investoren lohnen und die Befürchtung, die Aktionäre würden sich ebenfalls über die höhere Rendite freuen, wäre nicht unbegründet. Die Divestment-Bewegung setzt also auf Freiwilligkeit und ist damit vom Trittbrettfahrerverhalten ebenso bedroht wie die Kooperation zwischen Staaten. Für die Verminderung von Emissionen ist durch Divestment wenig gewonnen und es stellt keinen Ersatz für internationale Klimaverhandlungen dar.

Die sanfte Macht der Moral

Vor allem Nichtökonomen stören sich daran, dass Ökonomen immer nur von monetären Anreizen sprechen und die Ressource «Moral» in ihren Vorschlägen scheinbar keine Rolle spielt. In der Tat könnte die Herausbildung sozialer Normen zur Lösung des Klimaproblems beitragen. Es wäre vorstellbar, dass das Fahren großer Geländewagen sozial gebrandmarkt würde. Wie das Beispiel des Rauchverbotes in Deutschland zeigt, sind Normen ein machtvolles Instrument. Vor allem können diese Normen das Kauf- und Wahlverhalten beeinflussen. Jedoch müssen sich moralische Appelle daran messen lassen, ob sie den Transformationsprozess, wie wir ihn in Kapitel 3 beschrieben haben, tatsächlich bewerkstelligen können. Denn die Herausbildung von Normen hat drei zentrale Schwierigkeiten. Erstens handelt es sich hierbei um einen langfristigen, organischen Prozess. Eine politische Beeinflussung oder gar Anordnung sozialer Normen könnte als Eingriff von oben in Freiheitsrechte betrachtet werden. Außerdem würde er viele punktuelle Eingriffe notwendig machen, was zu einer Überforderung der Umweltbehörden führen könnte. Diese müssten dann Techniken auf der Basis der öffentlichen Meinung verbieten oder zulassen. Zweitens entstünden durch solche Verbote zu wenige Anreize für Innovationen, die jedoch dringend benötigt werden. Drittens gibt es vielfache Belege dafür, dass soziale und ethische Normen meist auch durch Eigeninteresse motiviert sind und damit das Klimaproblem als globales Phänomen nicht ausreichend adressiert werden kann.

Was wäre dann die Lösung?

Die Weltwirtschaft benötigt einen CO_2-Preis, der die Knappheit des begrenzten Deponieraumes der Atmosphäre widerspiegelt. Ein CO_2-Preis erhöht nicht nur die Wirtschaftlichkeit der erneuerbaren Energien, er verteuert auch die Nutzung von Kohle, Öl und Gas. Durch einen CO_2-Preis käme es automatisch zu einem Divestment im fossilen Energiesektor. Bereits heute verweisen Wissenschaftler, Politiker und Zentralbanker auf eine «Carbon Bubble», eine «Kohlenstoff-Blase». Damit ist gemeint, dass bei einer ambitionierten Klimapolitik der fossile Kapitalstock, also Kraftwerke, Gebäude, Kohleminen, aber auch die Lagerstätten von Öl und Gas, entwertet würden. Es stellt sich die Frage, wie stark einzelne Firmen durch das Platzen dieser «Carbon Bubble» betroffen wären und ob dadurch ein Risiko für die Stabilität der globalen Kapitalmärkte entstünde. Steigt der CO_2-Preis, wird der fossile Kapitalstock entwertet. Kündigt die internationale Klimapolitik jedoch einen steigenden CO_2-Preis an und geht diesbezüglich eine langfristige Verpflichtung ein, ist keine Destabilisierung der globalen Finanz- und Kapitalmärkte zu befürchten. Marktmacht, Netzwerke sowie die Risiken bei der Innovationsfinanzierung sprechen dafür, dass ein CO_2-Preis allein nicht ausreicht. Er muss ergänzt werden durch die Finanzierung von Forschung und Entwicklung, durch Subventionierung von

Kapitalkosten und durch Bereitstellung von Informationen über klimafreundliche Technologien.

Halten wir fest: Technischer Fortschritt, Reformen des Kapitalmarktes, kritisches Konsum- und Investitionsverhalten und moralische Appelle können sinnvolle Ergänzungen für einen CO_2-Preis sein, sie können ihn jedoch nicht ersetzen. Die Frage ist, wie ein weltweiter CO_2-Preis etabliert werden kann. Ohne ein internationales Abkommen würde der Ruf nach einem CO_2-Preis ungehört verhallen. Ein solches Abkommen ist daher eine notwendige Bedingung für eine globale Klimapolitik.

Das Paradoxon internationaler Vereinbarungen

Internationale Vereinbarungen sind instabil, wenn jeder Staat einen Anreiz hat, sich nicht an einem Abkommen zu beteiligen oder es zu unterlaufen. In der Tat haben Staaten ein Interesse, nur so viel in den Klimaschutz zu investieren, wie es ihrem nationalen Interesse entspricht. Auch ohne ein globales Abkommen würden Staaten die Emissionen reduzieren, wenn darin für sie ein Vorteil läge, etwa weil sie die lokale Luftverschmutzung vermindern wollen. Es besteht jedoch immer ein Anreiz für einige Staaten, sich nicht daran zu beteiligen. Deshalb wäre es für alle Staaten besser, wenn sie gemeinsam ihre Emissionen reduzieren würden, wenn sie also kooperierten. Steigt jedoch ein Staat aus, hat er einen noch höheren Gewinn, weil er vom Klimaschutz anderer Staaten profitiert und sich dazu noch die Kosten der Emissionsreduzierung im eigenen Land erspart. Denken alle Staaten so, wird es zur Aufkündigung der Kooperation kommen: Nationalstaatliche Schläue endet in globaler Dummheit.

In der Spieltheorie wird dies als soziales Dilemma bezeichnet, weil individuelle und soziale Rationalität auseinanderfallen. Je mehr Staaten sich am Klimaschutz beteiligen, desto größer sind die Gewinne aus der Kooperation. Wenn jedoch der Gewinn aus der Kooperation besonders groß ist, so sind auch die Anreize besonders hoch, sich nicht an einem Klimaabkommen zu beteiligen. Dieses soziale Dilemma verschärft sich mit der Zahl der Spieler, weil dann die potentiellen Gewinne der Kooperation umso größer sind.

Daraus lässt sich das Paradoxon der internationalen Umweltabkommen formulieren: *Je notwendiger internationale Vereinbarungen sind, desto unwahrscheinlicher ist es, dass sie zustande kommen. Ihr Zustandekommen ist umso wahrscheinlicher, je entbehrlicher sie sind.* Damit kann man verständlich machen, warum das Montreal-Protokoll zum Schutz der Ozonschicht durch Verminderung der Emissionen von FCKWs (Fluorchlorkohlenwasserstoffe) erfolgreich durchgesetzt werden konnte. Für FCKWs stand zu diesem Zeitpunkt bereits ein Ersatzprodukt zur Verfügung. Die Kosten waren gering, und es profitierten vor allem die reichen Länder von der Lösung des Ozonproblems. Ihr Interesse daran war so groß, dass sie einen multilateralen Fonds bereitstellten, der den Entwicklungsländern die Kosten für die Abschaffung der FCKWs finanzierte. Das Montreal-Protokoll gilt bislang als das erfolgreichste internationale Umweltabkommen. Vermutlich waren aufgrund der geringen Kosten auch die Anreize, sich als Trittbrettfahrer zu verhalten, gering. Wo sie bestanden, konnten sie durch einen multilateralen Fonds und durch Sanktionen ausgeglichen werden. Beim Klimaproblem sind die Kooperationsgewinne sehr hoch, aber damit auch die Anreize für Nationalstaaten, sich als Trittbrettfahrer zu verhalten.

Einen Ausweg aus diesem Dilemma verspräche die Bildung einer großen «Koalition der Willigen». Sie könnte die Kosten und Nutzen für die einzelnen Nationalstaaten so verändern, dass der Anreiz zum Trittbrettfahren zumindest eingedämmt wird. Möglich wäre dies, wenn neben dem Klimaschutz die Koalition ihren Mitgliedern noch andere Vorteile brächte, beispielsweise den Zugang zu neuen, kostengünstigen Technologien. Denkbar wäre auch, dass die Koalition Strafzölle gegen Länder verhängt, die sich nicht am Klimaschutz beteiligen. Durch Transferzahlungen könnten zusätzlich reiche Länder den ärmeren Ländern beim Klimaschutz finanziell unter die Arme greifen.

Halten wir fest: Freiwillige internationale Kooperation ist

instabil und immer vom Zusammenbruch bedroht. Sie kann stabilisiert werden, in dem die Koalition über den Klimaschutz hinaus für ihre Mitglieder andere Vorteile bietet oder Sanktionen verhängen kann. Dieser einfache analytische Rahmen genügt, um die Geschichte der Klimaverhandlungen zu verstehen.

Die internationalen Verhandlungen

Die auf dem Umweltgipfel in Rio im Jahr 1992 verabschiedete UN-Klimarahmenkonvention (United Nations Framework Convention on Climate Change, UNFCCC) stellt das Herz der internationalen Klimapolitik dar. Das erklärte Ziel ihrer 197 Mitglieder ist es, gefährlichen Klimawandel zu verhindern. Die Weiterentwicklung des globalen Rahmens erfolgt über jährliche Gipfeltreffen, der Conference of the Parties (COP).

Das im Jahr 1997 verabschiedete und 2005 in Kraft getretene Kyoto-Protokoll verpflichtete nur die sogenannten Annex-I-Staaten (also die Industrieländer) zur Minderung. Diese stimmten zu, ihre Emissionen über den Zeitraum 2008–2012 um insgesamt 5,2 % unter das Niveau des Jahres 1990 zu senken. Das Kyoto-Protokoll ging also noch davon aus, dass hauptsächlich die Industrieländer den Klimawandel verursachen und sie daher ihre Emissionen vermindern müssen, während Zuwächse in Schwellen- und Entwicklungsländern hinzunehmen seien. Im Jahr 2011 waren jedoch die Länder, die das Kyoto-Protokoll ratifiziert hatten, nur noch für 13 % der weltweiten Treibhausgasemissionen verantwortlich. Hierfür gab es zwei Gründe: Die USA als einer der Hauptemittenten hatte das Kyoto-Protokoll nie ratifiziert, und der größte Teil der in den letzten Dekaden in der Atmosphäre abgelagerten Emissionen stammt von China und den anderen Schwellenländern (siehe Tabelle 1 in Kapitel 2, S. 25).

Um kosteneffizienten Klimaschutz zu gewährleisten, beinhaltet das Kyoto-Protokoll drei sogenannte flexible Mechanismen zur Emissionsminderung. Den Ländern, die sich im Rahmen des Kyoto-Protokolls zu Emissionsminderungen verpflichteten, wurden Emissionsrechte zugewiesen. Diese Emissionsrechte können zwischen diesen Annex-I-Ländern gehandelt werden, ihr Preis ergibt sich durch das Zusammenspiel von Angebot und Nachfrage. Der Emissionshandel zwischen Regierungen ist jedoch zum Erliegen gekommen, mit dem Ergebnis, dass kein Preissignal entstand.

Dem Handel mit Emissionsrechten wurden noch zwei zusätzliche Instrumente zur Seite gestellt, um eine weitere Kostensenkung der Klimapolitik zu ermöglichen. So sollte Annex-I-Ländern die Möglichkeit gegeben werden, ihre Emissionsverpflichtungen auch in Ländern erbringen zu können, die unter dem Kyoto-Protokoll keine Reduktionsverpflichtungen angenommen haben. Dieser Weg ist von besonderem Interesse, wenn die Emissionsminderungen in diesen Ländern zu geringeren Kosten geleistet werden können. Im Clean-Development-Mechanismus (CDM) sollte es den Industrieländern möglich sein, in Entwicklungs- und Schwellenländern die Emissionen zu reduzieren, beispielsweise durch Investitionen in erneuerbare Energien, die ansonsten nicht getätigt worden wären. Wollten die Industrieländer ihre Emissionen in anderen Industrieländern erbringen, die unter dem Kyoto-Protokoll keine Reduktionsverpflichtungen haben (was u. a. für eine Reihe ehemaliger Sowjetrepubliken der Fall ist), so konnten sie sich des Joint-Implementation-(JI-) Mechanismus bedienen.

Derartige flexible Mechanismen werden von den Beobachtern unterschiedlich beurteilt. Der CDM habe, so die Befürworter, zumindest in den Entwicklungsländern zu einem «Capacity Building» geführt und ihnen schrittweise das Thema Emissionsreduktion nähergebracht. Eine kritischere Perspektive betont, dass der CDM zu keinem Technologietransfer in die Entwicklungsländer geführt hat. So würden durch den CDM hauptsächlich Projekte unterstützt, die ohnehin finanziert worden wären, so dass damit keine Emissionsreduktionen erzielt werden.

Zusammenfassend lässt sich festhalten, dass es mit dem Kyoto-Protokoll nicht gelungen ist, die Emissionen global abzusenken, die Emissionsrechte fair unter den Ländern aufzuteilen und über einen globalen Emissionsmarkt einen Preis zu erzielen, der auf die Investitionsentscheidungen von Firmen

Einfluss hat. Aufgrund seiner kurzen Laufzeit, der relativ geringen Reduktionsverpflichtungen für Annex-I-Staaten und der fehlenden Reduktionsverpflichtungen für Nicht-Annex-I-Staaten kann das Kyoto-Protokoll bestenfalls als erster Schritt hin zu effektiver globaler Klimapolitik betrachtet werden.

Auf der Klimakonferenz in Kopenhagen sollte im Jahr 2009 ein Nachfolgeabkommen für das Kyoto-Protokoll verhandelt werden. Insbesondere die europäischen Delegationen hofften auf ein Abkommen, das den Klimawandel effektiv begrenzt und daher auch alle wichtigen Verursacher zu Emissionsminderungen verpflichtet. Der sogenannte Top-Down-Ansatz des Kyoto-Protokolls – eine Festlegung der zu erzielenden Emissionsreduktion sowie deren Aufteilung auf einzelne Mitglieder – sollte weitergeführt werden. Doch diese Hoffnung scheiterte nicht nur an den USA, sondern auch an China und vielen Entwicklungsländern. Den Klimadiplomaten wurde klar, dass ein für alle Staaten verbindliches Abkommen, das einen langfristigen Fahrplan über globale und nationale Minderungsziele und damit erlaubte Emissionsmengen festlegt, politisch nicht durchsetzbar war und wohl auch in Zukunft nicht sein wird.

Das Paris-Abkommen, das 2015 geschlossen wurde, überwindet die bislang geltende Trennung zwischen Industrie- und Entwicklungsländern. Die Vermeidung gefährlichen Klimawandels ist nun gemeinsame Aufgabe aller Staaten. Die Lastenverteilung ist aber auch in diesem Abkommen nicht abschließend geklärt. Das Pariser Abkommen ruht auf drei Säulen: Die Formulierung eines *Langfristziels, freiwillige Selbstverpflichtungen* und die Vereinbarung mehrerer *multilateraler Instrumente.*

Erste Säule: Zentral ist das ambitionierte Langfristziel, den Anstieg der globalen Mitteltemperatur auf 2 °C gegenüber dem vorindustriellen Niveau zu begrenzen. Darüber hinaus wurde versprochen, Anstrengungen zu intensivieren, um das 1,5 °C-Ziel zu erreichen.

Zweite Säule: Anders als das Kyoto-Protokoll verpflichtet das Abkommen *alle* Vertragsstaaten dazu, selbst gewählte nationale klimapolitische Pläne vorzulegen (Nationally Determined Contributions, NDCs). Diese Pläne basieren allerdings nicht auf einer gemeinsamen Aufteilung des beim 2 °C-Ziel zulässigen globalen Kohlenstoffbudgets auf die einzelnen Staaten. Stattdessen legt jedes Land seine eigenen Ziele und Maßnahmen fest. Vor Paris hatten die Staaten bereits erste Pläne vorgelegt. Es wird in den kommenden Jahren darum gehen, das Ambitionsniveau dieser nationalen Klimaschutzpläne schrittweise zu erhöhen. Die bisher angedachten NDCs sind bei weitem nicht ausreichend, um das 2 °C-Ziel zu erreichen, selbst wenn man annimmt, dass nach 2030 die Emissionen weiterhin kontinuierlich sinken. Durch transparente Berichterstattung und regelmäßige Überprüfung der Einhaltung der NDCs soll das notwendige zwischenstaatliche Vertrauen aufgebaut werden, das eine langfristige Kooperation für das Erreichen des globalen Ziels ermöglicht. Es ist jedoch ungeklärt, wer zur Verantwortung gezogen werden kann, wenn das globale Ziel nicht erreicht wird. Wenn Länder wenig ambitionierte NDCs vorlegen oder ihre Versprechen nicht umsetzen, verbleibt als einziger Sanktionsmechanismus aber lediglich ein informelles «Naming and Shaming» – formale Sanktionen waren in Paris nicht durchsetzbar.

Als *dritte Säule* wurden in Paris eine Reihe multilateraler klimapolitischer Instrumente vereinbart, die für einen globalen Lastenausgleich genutzt werden könnten. Zu den wichtigsten Instrumenten gehören die Klimafinanzierung von jährlich mindestens 100 Mrd. US$ sowie flexible Mechanismen, wie etwa die Möglichkeit eines internationalen Emissionshandels, zur Reduktion der Vermeidungskosten. Ihre genaue Ausgestaltung ist aber noch weitgehend offen. Dieser Gestaltungsspielraum muss nun genutzt werden, um Paris zu einem Erfolg werden zu lassen. Die zusätzlichen Mittel für die Klimafinanzierung müssen noch bereitgestellt werden. Bisher ist das Volumen der Klimafinanzierung aus öffentlichen Geldern unklar: Für die kommenden Jahre sind nur 10 Mrd. US$ für den Green Climate Fund (GCF) zugesagt, etwa die Hälfte davon ist bislang freigegeben. Es besteht zudem die Gefahr, dass die Industrieländer durch kreative Buchführung ihren zusätzlichen Beitrag zur Klimafinanzierung sehr viel höher erscheinen lassen, als er tatsächlich ist: Bereits bestehende Verpflichtungen aus der Entwicklungshilfe könnten umetikettiert oder private Investitionen, die ohnehin getätigt würden, als internationale Klimafinanzierung angerechnet werden.

Ein weiterer internationaler Transfermechanismus, der in Paris 2015 verhandelt wurde, betrifft den Waldschutz – der sogenannte REDD+-Mechanismus (Reducing Emissions from Deforestation and Forest Degradation). Er sieht Kompensationen für Staaten vor, die Abholzung verringern. Die Zahlungen sollen direkt den nationalen Regierungen, lokalen Gemeinden oder indigenen Gemeinschaften zugutekommen. Die Ausgestaltung des REDD+-Programms wurde dafür kritisiert, dass zwar einzelne Projekte zeitweise gefördert werden, nach Ablauf eines Projekts der Wald letztendlich aber doch abgeholzt wird. Außerdem wurde bislang kaum beachtet, dass vor allem Landbesitzer von den Transferzahlungen profitieren; denn ein vermehrter Waldschutz führt tendenziell zu einem Anstieg der Bodenpreise für landwirtschaftliche Flächen. Da Eigentum an Land in vielen Regionen sehr ungleich verteilt ist, würde ein Anstieg der Preise für Ackerflächen wirtschaftliche Ungleichheiten weiter erhöhen und damit potentiell zur Verarmung von Kleinbauern führen. Diese Effekte lassen sich nur verhindern, wenn sich die Empfänger der REDD+-Transfers zu einer gleichzeitigen Besteuerung von Bodenrenten durchringen können.

Das Abkommen von Paris war zwar ein diplomatischer Erfolg. Ob es zu einem klimapolitischen Durchbruch führt, ist aber noch offen. Bleiben die vorgelegten NDCs bis 2030 unverändert, werden danach drastische Emissionsreduktionen und negative Emissionen nötig sein, um das 2 °C-Ziel noch zu erreichen. Für das 1,5 °C-Ziel sind die Anforderungen entsprechend verschärft. Technologisch ist dies prinzipiell möglich. Die ökonomischen Kosten sowie die gesellschaftlichen und politischen Herausforderungen der erforderlichen Emissionsreduktionen lassen aber daran zweifeln, ob künftige Regierungen und Gesellschaften diese Last auch schultern werden.

Derzeit ist noch nicht einmal gewährleistet, dass alle Regierungen ihre NDCs auch tatsächlich in ihren nationalen Energiepolitiken umsetzen. Nach wie vor liegt ihr Fokus oft auf dem Ausbau von Kohlekraftwerken in der Stromversorgung. Kohle ist reichlich vorhanden und trotz aller klimapolitischen Anstrengungen und Kostensenkungen der Erneuerbaren in den meisten Regionen auf absehbare Zeit die billigste Form der Stromerzeugung. Sie spielt daher in den energiepolitischen Planungen eine wichtige Rolle. Allein die im Jahr 2015 weltweit vorhandenen und geplanten Kohlekraftwerke würden bis zum Ende ihrer Lebensdauer bereits etwa die Hälfte des 2 °C-Budgets verbrauchen. Die geplanten NDCs sind daher in vielen Ländern offenbar noch nicht mit den nationalen energiepolitischen Plänen harmonisiert: Die Regierungen haben nicht mehr viel Zeit, ihre Ausbaupläne für die Kohlekraft zu revidieren. Im Rahmen der 23. COP Ende 2017 kündigte eine Koalition von 75 nationalen und subnationalen Regierungen sowie Unternehmen, allen voran Großbritannien und Kanada, an, bis 2030 einen Kohleausstieg für Industrieländer anzustreben (und bis 2050 auf globaler Ebene). Auch wenn diese «Powering Past Coal Alliance» ein Zeichen gegen die Kohlenutzung setzt und als Plattform für einen globalen Kohleausstieg dienen kann, gehören ihr ausschließlich Akteure an, für welche die Kohle im Energiesystem nur eine eher untergeordnete Rolle spielt.

Neben der Konsistenz der NDCs mit dem globalen Temperaturziel und nationaler Energiepolitik ist für eine erfolgreiche internationale Kooperation entscheidend, dass die nationalen Pläne zukünftig vergleichbar und überprüfbar sind. Die Nationalstaaten werden nur dann ambitionierte Politiken vorlegen, wenn sie darauf vertrauen können, dass andere Staaten ebenfalls akzeptable Anstrengungen unternehmen. Die derzeitigen NDCs sind allerdings kaum miteinander vergleichbar. China und Indien haben eine Reduktion der CO_2-Intensität ihrer Wirtschaft (CO_2 pro BIP) versprochen. Ihr absoluter Beitrag zur globalen Emissionsminderung lässt sich aber nur mit Hilfe von unsicheren und umstrittenen Annahmen über das künftige Wachstum ihrer Wirtschaft und Emissionen ermitteln. Damit bleibt unklar, was China und Indien tatsächlich zum Erreichen des globalen Ziels beitragen. Entscheidend ist jedoch, dass nach

2030 die nationalen Politiken, beispielsweise durch einen weltweiten CO_2-Preis, harmonisiert sein müssen. Aber genau davon sind die internationalen Verhandlungen noch weit entfernt.

Während der COP24 in Katowice wurde nicht nur das Regelbuch vereinbart, dass die Vergleichbarkeit zwischen den nationalen Anstrengungen herstellen sollte, es gab auch weitere Finanzierungszusagen zum GCF.

Nach Paris: Vorschläge für die Ausgestaltung der internationalen Klimapolitik

Das Ergebnis der COP21 in Paris im Dezember 2015 ist ein Grundriss für eine globale Architektur, aber die Statik ist bislang noch fraglich. Zwar wurde das 2 °C-Ziel festgeschrieben und das 1,5 °C-Ziel in Aussicht gestellt, auch wurden gewisse Fortschritte bei der Klimafinanzierung und dem Waldschutz erzielt. Die Bedingungen für die internationale Kooperation werden aber erst nach 2018 verhandelt. Erkennen manche Länder, dass ihre eigenen Anstrengungen nicht wie erhofft durch eine entsprechende Klimapolitik in anderen Ländern erwidert werden, könnte dies zu einer Abwärtsspirale verminderter Ambitionsniveaus führen.

Diese Abwärtsspirale lässt sich aufhalten, wenn es zu gegenseitigen Verpflichtungen zwischen den Ländern kommt. Kündigt ein Land seine Verpflichtung auf, muss es damit rechnen, dass die anderen Länder ebenfalls ihre Verpflichtungen aufkündigen und die Kooperation zusammenbricht. Für gegenseitige Verpflichtungen ist entscheidend, dass die Beiträge zur Kooperation vergleichbar sind. Diese Vergleichbarkeit könnte durch die Festlegung nationaler CO_2-Preise hergestellt werden. Erstens sind CO_2-Preise einfach miteinander zu vergleichen, weil sie wenigstens näherungsweise das klimapolitische Ambitionsniveau und die Vermeidungskosten der Länder zeigen. Zweitens werden durch einen CO_2-Preis die Kosten für den Ausstoß aller CO_2-Emissionen erhöht und Emittenten zahlen für ihre Verschmutzung. Emissionsintensive Produktionsformen, wie die Energiegewinnung aus Kohle, werden so verteuert und bei

einem ausreichend hohen und steigenden Preis langfristig unrentabel. Damit kann man der Renaissance der Kohle wirksam entgegenwirken, weil erneuerbare Energien, wie Wind- und
Solarkraftwerke, wettbewerbsfähig werden. Drittens können
die zusätzlichen Einnahmen aus der Besteuerung von CO_2 oder
der Versteigerung von Zertifikaten in den jeweiligen Ländern
verbleiben. Sie sind für Finanzminister auch unabhängig von
klimapolitischen Erwägungen attraktiv. Die zusätzlichen Einnahmen ließen sich etwa dazu verwenden, andere verzerrende
Steuern zu senken, die Staatsverschuldung abzubauen, ärmere
Bevölkerungsgruppen für ihre Zusatzbelastung zu kompensieren oder in öffentliche Infrastrukturen zu investieren. Bei global momentan etwa 50 Gt CO_2-Äquivalente Emissionen und
einem hypothetischen Preis von 50 US$ pro Tonne wären das
jährlich immerhin fast 2,5 Billionen US$ oder gut 3 % des glo-
balen BIP.

Demgegenüber werden die jährlichen Kosten der Bereitstellung eines universalen Zugangs zu sauberem Wasser, Sanitäranlagen und Elektrizität auf insgesamt knapp 1 Billion US$ ge-
schätzt. Entscheidend ist zudem ein Abbau der Subventionen
für die fossilen Energieträger. Weltweit werden diese von den
Finanzministern mit mehr als 300 Mrd. US$ jährlich subventi-
oniert, meist in Form von niedrigen, festgeschriebenen Preisen
in Ländern mit hohen Erdölvorkommen. Geht man zusätzlich
davon aus, dass die fossilen Energieträger allein schon dadurch
subventioniert werden, dass die Nutzung dieser Energieträger
zu billig ist – gemessen an den sozialen Kosten, die ihre Nutzung tatsächlich verursacht –, so erhöht sich der Subventions-
betrag sogar um den Faktor 10. Dies ist vor allem deshalb der
Fall, weil die Luftverschmutzung durch Kohle die Lebenserwar-
tung von Menschen drastisch verkürzt und Gesundheitskosten
erhöht. Folglich ist die Nutzung von Kohle für die Gesellschaft
keineswegs so billig, wie es der Marktpreis signalisiert. Rechnet
man diese Kosten mit ein, dann wird die Tonne CO_2 mit durchschnittlich 150 US$ gefördert. Verhandlungen über einen CO_2-
Preis bedürfen also gleichzeitig einer Absenkung der direkten
wie auch der indirekten Subventionen.

Verhandlungen über CO₂-Preise

Eine von den hochrangigen Wirtschaftswissenschaftlern Joseph Stiglitz und Nicholas Stern geleitete Kommission wies Mitte 2017 darauf hin, dass zur Erreichung der Ziele des Paris-Abkommens global ein CO_2-Preis von 40–80 US\$ im Jahr 2020 notwendig wäre, der bis zum Jahr 2030 auf 50–100 US\$ ansteigen müsste. Wie lässt sich erreichen, dass Staaten über steigende CO_2-Preise verhandeln? Das Abkommen von Paris ermöglicht und ermutigt zu solchen Verhandlungen (Art. 6). Außerhalb der Klimarahmenkonvention, etwa in der G20, könnten einzelne Länder sich verpflichten, zunächst nationale CO_2-Preise entweder als Steuer oder als Mindestpreis in Emissionshandelssystemen einzuführen. So ließen sich die nationalen CO_2-Preise konditional formulieren: Länder würden nur hohe Preise einführen, wenn andere dies ebenfalls tun. Mit dieser Strategie wären Befürchtungen in Bezug auf Wettbewerbsnachteile durch CO_2-Bepreisung entkräftet. Zudem wird ein Sanktionsmechanismus etabliert, weil Länder als Reaktion auf die Senkung von CO_2-Preisen in anderen Regionen ebenfalls ihre Preise senken. Mit Blick auf das 2 °C-Ziel müssten regelmäßig die durch CO_2-Preise erreichten und erwarteten Emissionsreduktionen mit den Anforderungen des Langfristziels verglichen und die Preise entsprechend angepasst werden. Bei dieser Strategie wäre zunächst ein Vorangehen der größten Emittenten denkbar. Die angekündigten nationalen CO_2-Preispfade könnten auch Teil der formalen NDCs im Rahmen der UNFCCC werden. Für zusätzliche Länder wäre dann schrittweise ein Beitreten zu einer solchen CO_2-Preiskoalition möglich.

Dabei bliebe es den Ländern überlassen, ob sie diesen Mindestpreis als Steuer oder in Form eines Emissionshandelssystems einführen. In bestehenden (Europa) und neuen (China) Emissionshandelssystemen wäre die Festlegung eines steigenden Mindestpreises denkbar, um glaubwürdige internationale Versprechen eingehen zu können. Im kalifornischen Emissionshandelssystem wurde ein solch steigender Mindestpreis bereits durch einen Reservepreis in den Zertifikatsauktionen eingeführt. Der Zertifikatspreis des europäischen Emissionshandelssystems EU ETS (European Union Emissions Trading Scheme) könnte und müsste im Zuge einer solchen Reform nach oben korrigiert werden.

Internationale Wettbewerbsfähigkeit

Bei höheren CO_2-Preisen befürchten Länder, die sich als Vorreiter im internationalen Klimaschutz positionieren, für die heimische Industrie den Verlust ihrer Wettbewerbsfähigkeit. Höhere Energiepreise, so das Argument, benachteiligen die nationale Wirtschaft und schaffen einen Anreiz, energieintensive Produktion in Länder mit weniger strikten Klimavorgaben zu verlagern. Somit gingen Wertschöpfung und Arbeitsplätze verloren, ohne dass damit dem Klima wirklich geholfen wäre, da die Emissionen dann einfach woanders ausgestoßen werden würden.

Bisher gibt es jedoch keine empirischen Anzeichen dafür, dass vergleichsweise niedrige CO_2-Preise, wie etwa in den vergangenen Jahren in der EU, in nennenswertem Umfang zur Verlagerung von Industrien, also zu sogenanntem «Carbon Leakage», geführt hätten. Dies ist verständlich, weil die meisten energieintensiven Güter (z. B. Strom oder Zement) nur in begrenztem Umfang international gehandelt werden. Außerdem spielen Energiepreise für die meisten Unternehmen nur eine relativ geringe Rolle gegenüber anderen wichtigen Faktoren, die für die Wettbewerbsfähigkeit von Unternehmen entscheidend sind: Investitionssicherheit, das Angebot gut ausgebildeter Arbeitskräfte oder der Zugang zu einer gut ausgebauten Infrastruktur. Diese Aussagen sind jedoch nur zutreffend für die bislang eingeführten Preise. Würde zum Beispiel die EU im Alleingang CO_2-Preise implementieren, wie sie für das 2 °C-Ziel notwendig sind, käme es wohl zu einer Verlagerung von Industrien, und 10% der europäischen Emissionsminderungen könnten durch Carbon Leakage wieder zunichtegemacht werden.

Um Carbon Leakage zu unterbinden, wird ein Grenzausgleich («Border Tax Adjustment» oder auch «Border Carbon Adjustment») vorgeschlagen, durch den der heimische CO_2-Preis auch auf Importe erhoben wird. So soll das Preissignal auf andere Länder ausgedehnt werden. Die Verlagerung energieintensiver

Industrien in andere Länder, so die Hoffnung, könnte dadurch unterbunden werden. Auch wenn dieser Vorschlag auf den ersten Blick plausibel erscheint, weist er doch erhebliche Mängel auf, wie nachfolgend am Beispiel der Handelsströme zwischen der EU und China illustriert wird. Chinesische Exporte an die EU gehen Hand in Hand mit Importen Chinas aus der EU. Ein Grenzausgleich auf die Importe aus China verringerte zwar die Emissionen, die in China entstehen, weil China nun weniger für den europäischen Markt produziert. Die chinesischen Firmen müssten dann aber vermehrt Güter in China produzieren, die bislang aus der EU importiert wurden, denn China könnte sich wegen der zurückgegangenen Exporte weniger Importe aus Europa leisten. Wenn diese Güter in Europa mit weniger Emissionen pro Produkteinheit produziert werden, könnten die Emissionen sogar steigen. Ein Grenzausgleich kann daher nur eingeschränkt dazu beitragen, Carbon Leakage zu unterbinden, und führt im ungünstigsten Fall sogar zu einem Anstieg der globalen Emissionen.

Daraus folgt, dass nur wenigen ausgewählten CO_2-intensiven Industrien ein Importzoll auferlegt werden sollte, der die erwähnten Substitutionseffekte von vornherein berücksichtigt. Auch wenn diese Effekte kaum präzise abgeschätzt werden können, kann man davon ausgehen, dass ein Zoll auf den Import einiger ausgewählter energieintensiver Güter die globalen Emissionen senkt, da ein Ersatz dieser Güter durch eine noch energieintensivere Produktion unwahrscheinlich ist. Umstritten ist, ob ein solcher Zoll mit internationalem Handelsrecht vereinbar wäre. Die Welthandelsorganisation WTO erlaubt jedoch ausdrücklich Handelsbeschränkungen, wenn nachgewiesen werden kann, dass sie dem Schutz der Umwelt dienen. Ohne Risiko ist dies nicht, weil die Handelspartner auf Importzölle mit Vergeltungsmaßnahmen reagieren könnten. Daher müsste die EU mit wichtigen Handelspartnern Exportzölle für CO_2-intensive Güter vereinbaren. Für die Produzenten hätten Exportzölle die gleichen Anreizwirkungen wie ein Importzoll. Da die Zolleinnahmen aber bei den Exporteuren verbleiben, haben diese einen greifbaren Vorteil und somit auch ein Interesse daran, sie beizubehalten, wenn sie damit rechnen müssen, dass die EU ansonsten Importzölle erhebt, sobald sie die Exportzölle abschaffen.

Strategische Klimafinanzierung

Zu einer weltweiten Koordination und Anhebung der CO_2-Preise wird es angesichts der großen Unterschiede zwischen einzelnen Ländern nur dann kommen können, wenn ein Lastenausgleich zwischen Arm und Reich erfolgt. Die Transferzahlungen sollten an ärmere Länder unter der Bedingung gezahlt werden, dass sie einen Mindestpreis für Emissionen akzeptieren. Vorstellbar wäre ein System von zunächst nach Ländergruppen differenzierten, ansteigenden und mittelfristig konvergierenden Mindestpreisen.

Die Höhe der Zahlungen aus einem internationalen Topf wie dem Green Climate Fund müsste dann mit dem Ambitionsniveau der nationalen Klimapolitik verknüpft werden. Ein Land mit einem vergleichsweise hohen CO_2-Preisniveau würde für seine höheren Vermeidungskosten kompensiert werden und hätte somit einen Anreiz, durch seine NDCs eine ambitioniertere Klimapolitik festzulegen. Konditionale Transferzahlungen würden das Anreizproblem der freiwilligen Selbstverpflichtungen teilweise auflösen, weil eine Senkung des Ambitionsniveaus zum Verlust der internationalen Unterstützung führen würde. Die Geberländer, die in den internationalen Fonds einzahlen, profitieren ebenfalls vom Bereitstellen der Klimafinanzierung, da die Konditionalität der Zahlungen zu ambitionierteren Emissionsreduktionen in den Empfängerländern führt, wodurch global mehr Klimaschutz erreicht wird. Jedes einzelne Land kann von der Konditionalität profitieren, weil sich damit die Gewissheit erhöht, dass auch andere Länder ambitionierten Klimaschutz unternehmen und der eigene Beitrag Teil eines Systems der institutionellen Koordination ambitionierter Klimapolitiken ist. Damit werden Länder entmutigt, sich als Trittbrettfahrer zu verhalten.

Ein System der konditionalen Transferzahlungen hat jedoch nur dann eine Chance, wenn die Entwicklungsländer die Kapazität und Expertise zur Einführung von CO_2-Steuern besitzen. Ein Teil der versprochenen 100 Mrd. US$ kann zunächst dazu genutzt werden, diese Kapazitäten aufzubauen. Sorgen über regressive Wirkungen von CO_2-Steuern ließen sich durch die Entwicklung von sozial verträglichen und länderspezifischen Steuermodellen verringern. Der GCF könnte etwa Steuererleichterungen und Kompensationszahlungen für ärmere Bevölkerungsgruppen bei der Einführung von CO_2-Preisen vorfinanzieren, um regressive Effekte zu vermeiden und die soziale Akzeptanz zu erhöhen.

Es wird darauf ankommen, dass in den nächsten Jahren diese strategische Klimafinanzierung umgesetzt wird. Bislang zielt der GCF auf die Förderung einzelner Projekte ab. Mit Blick auf das selbstgesteckte Ziel einer Unterstützung der Transformation der Weltwirtschaft greift der projektbasierte Ansatz des GCF allerdings zu kurz. Im Vergleich dazu setzt ein durch Klimafinanzierung unterstützter, steigender nationaler CO_2-Preis einen strukturellen Anreiz zur Dekarbonisierung und wird bei entsprechender Höhe auch den Ausbau der Kohlenutzung begrenzen.

Die Klimapolitik der Europäischen Union

Die Europäische Union will bis zum Jahr 2030 ihre Emissionen gegenüber 1990 um 40% reduzieren, den Anteil der Erneuerbaren auf 27% erhöhen und die Energieeffizienz um 27% steigern. Die ersten beiden Ziele sind rechtlich verbindlich; das Energieeffizienzziel ist lediglich indikativ. Bis 2050 strebt die EU zudem eine Reduktion ihrer Emissionen um 80% (gegenüber 1990) an und exploriert aktuell in einer neuen Langfriststrategie noch höhere Ziele (95% bzw. Treibhausgas-Neutralität). Dies ist ein politisches Ziel, aber keine rechtlich verbindliche Zusage.

Um diese Ziele zu erreichen, hat die EU-Kommission eine Reihe von Instrumenten eingeführt, die auf die Klima- und Energiepolitik der Mitgliedsstaaten Einfluss nehmen: den Europäischen Emissionshandel, Effizienz- und Emissionsstandards im Verkehr und Planungs- und Finanzierungsinstrumente zur Erhöhung der Energiesicherheit, Förderung der erneuerbaren Energien und der Energieeffizienz sowie die Integration des europäischen Strommarktes.

Dabei ist der Emissionshandel das zentrale Instrument. Er besteht aus drei Bausteinen: Erstens wird eine Emissionsobergrenze festgelegt. Zweitens werden im Umfang dieser Obergrenze Zertifikate, die zur Emission von Treibhausgasen berechtigen, vergeben. Einige Unternehmen erhalten sie vom Staat kostenlos zugeteilt, andere müssen sie im Rahmen einer Auktion erwerben. Der dritte Baustein besteht darin, dass diese Zertifikate gehandelt werden können. Firmen, bei denen billige Emissionsvermeidung möglich ist, können ihre Zertifikate an diejenigen verkaufen, die ihre Emissionen sonst zu relativ hohen Kosten vermeiden müssten. Dieser Handel führt dazu, dass die Emissionen dort vermieden werden, wo dies am billigsten möglich ist. Je größer die Kostenunterschiede zwischen verschiedenen Emittenten sind, umso größer sind die Kosteneinsparungen, die durch den Emissionshandel erzielt werden können.

Ein effektiver Emissionshandel sollte möglichst alle Sektoren umfassen, die Versteigerung der Zertifikate wäre das Ziel, und die Marktteilnehmer müssten auf die langfristige Verbindlichkeit einer sinkenden Emissionsobergrenze vertrauen. Der Europäische Emissionshandel sollte auch der nationalen Klimapolitik seiner Mitgliedstaaten Rechnung tragen und mit den übrigen Instrumenten der Energiepolitik abgestimmt sein. Die Reform des Europäischen Emissionshandels sowie Reform-Optionen werden nun entlang dieser Aspekte diskutiert.

2011 bis 2017: Preisverfall aufgrund von Zweifeln an der Glaubwürdigkeit der EU-Klimapolitik

Mit dem Ausbruch der Finanzkrise 2008 produzierten die Unternehmen weniger Emissionen und verkauften oder behielten ihre nicht benötigten Zertifikate. In der Folge ging der Preis für die Zertifikate in den Keller. Dies hat im EU ETS zu beträchtlichen Verwerfungen geführt. Wie Abbildung 12 zeigt, ist damals nicht nur der Preis für Zertifikate, die gehandelt wurden (Spotmarkt), gesunken, sondern auch der Preis für Zertifikate, die erst zu einem bestimmten zukünftigen Zeitpunkt den Besitzer wechseln (Zukunftsmärkte, «Futures»). Der Preis für Emissionszertifikate hängt entscheidend von den Erwartungen der Finanz-

Abb. 12: Entwicklung der Preise für CO_2-Emissionen (Spotmarkt) sowie die Erwartungen für zukünftige Preise (Futuresmarkt). Quelle: ICE Futures (2019)

marktakteure hinsichtlich des langfristigen staatlichen Angebots von Zertifikaten ab. Weil Zertifikate kurzfristig im Übermaß verfügbar waren und die Marktakteure nur geringes Vertrauen in eine langfristig ambitionierte Klimapolitik der EU hatten, blieben die Preise niedrig und entfalteten keine klimapolitische Steuerungswirkung. Dies stand jedoch im Widerspruch zu dem klimapolitisch gebotenen, zu diesem Zeitpunkt allerdings rechtlich nicht bindenden Ziel, die Emissionsobergrenze nach 2030 weiter zu verschärfen. Das Ergebnis: Die Preise auf dem europäischen Zertifikatsmarkt blieben dauerhaft niedrig, nicht weil die Vermeidungskosten durch technischen Fortschritt gesunken waren, sondern weil die Erwartungen der Händler permanent enttäuscht wurden. Andere Effekte, wie die starke Förderung der erneuerbaren Energien oder der Zufluss von CDM-Zertifikaten, drückten zwar auf die Preise. Wie empirische Untersuchungen zeigen, waren diese Effekte in ihrer quantitativen Bedeutung allerdings relativ gering.

2017 bis 2019 – Reform des EU ETS

Die EU verabschiedete im Winter 2017/18 eine Reform des EU ETS, um den Überschuss am Zertifikatemarkt zu beseitigen. Dieses Signal war für die Marktteilnehmer vermutlich noch wichtiger als die drei zentralen Reformschritte. Erstens werden die jährlichen Emissionen statt um 1,74 % pro Jahr um 2,2 %

abgesenkt. Dies hat zur Folge, dass ab dem Jahr 2057 keine neuen Emissionsrechte mehr ausgegeben werden können und somit die Emissionen auf null sinken müssen, sobald die noch vorhandenen Zertifikate aufgebraucht sind. Zweitens wurde die Menge der jedes Jahr in eine sogenannte Marktstabilitätsreserve (MSR) eingestellten Zertifikate erhöht, um die Überschüsse im Markt rascher abzubauen. Drittens sollen ab 2023 Überschusszertifikate in dieser Reserve in großem Umfang gelöscht werden. Als Resultat dieses Reformpakets, das eine Reihe weiterer Maßnahmen etwa zur Kompensation von Industriebetrieben enthält, ist der Preis für EU-ETS-Zertifikate wieder deutlich gestiegen und bewegt sich seit Sommer 2018 um 20 € pro Tonne CO_2.

Letztlich bleibt aber die Wirkung auf den Zertifikatspreis weiterhin ungewiss. Ökonomische oder politische Schocks wie mögliche Wahlerfolge für rechtspopulistische Parteien, die Auswirkungen des Brexit oder Konjunktureinbrüche können das Vertrauen in eine ambitionierte europäische Klimapolitik weiter unterminieren und wieder zu sinkenden Zertifikatepreisen führen. Der europäische Emissionshandel bleibt auch nach der Reform ein Wettbüro der Händler für politische Entscheidungen. Die Profitabilität CO_2-armer Investitionen bleibt unvorhersehbar. Es wäre also sinnvoll, wenn sich die Politik zu Maßnahmen durchringen könnte, die die langfristigen Erwartungen der Investoren stabilisieren, um ein kostengünstiges Erreichen der Minderungsziele bis 2050 zu ermöglichen.

Der Europäische Emissionshandel und die nationale Klimapolitik

Das EU ETS hatte – und hat – jedoch noch einen anderen Konstruktionsfehler: Es legt zwar gemeinsame Reduktionsziele fest, nimmt aber auf die nationalen Interessen seiner Mitgliedsstaaten zu wenig Rücksicht. Die Länder in der EU haben unterschiedliche Präferenzen für den Klimaschutz und unterschiedliche Vorstellungen von einem nationalen Energiemix. Wenn ein Land seine Emissionen stärker reduzieren will als in der europaweiten Strategie vorgesehen, hat dies im europäischen Emissionshandel die Konsequenz, dass diese Zusatzanstrengungen zunichtegemacht werden. Im EU ETS ist zusätzliches nationales Engagement letztendlich wirkungslos, weil die Zertifikatsmenge insgesamt unverändert bleibt und die Emissionen somit lediglich in andere Länder verschoben werden. Man nennt dies den «Wasserbetteffekt», weil die Emissionsminderung in einem Land durch eine Emissionserhöhung in einem anderen Land aufgewogen wird und sich die Emissionen nur verlagern. Die Freisetzung nicht genutzter Zertifikate erhöht zumindest kurzfristig das Angebot und senkt den Zertifikatepreis, was Investitionen in sonst unrentable Anlagen wieder attraktiv macht. Zwar können Länder, die aus der Kohle aussteigen, Zertifikate in Höhe der vermiedenen Emissionen löschen. Wenn die Zertifikate nicht gelöscht werden, ist der Wasserbetteffekt – anders als häufig behauptet – keinesfalls ausgeschaltet. Da die europäischen Mitgliedstaaten ihre eigene Energiepolitik betreiben wollen, stellt sich die Frage, ob der Emissionshandel so ausgestaltet werden kann, dass ihren nationalen Präferenzen Rechnung getragen werden kann.

Die Einführung eines europäischen CO_2-Mindestpreises böte hierfür Möglichkeiten. Dann könnte zum Beispiel Deutschland relativ zügig aus der Kohle aussteigen, ohne dass diese Zusatzanstrengungen zunichtegemacht würden. Ein deutscher Kohleausstieg würde so zu tatsächlichen Emissionsminderungen führen.

Deutschland könnte sich für die Einführung eines solchen europäischen Mindestpreises einsetzen und durch eine breite Allianz für den Klimaschutz Wettbewerbsnachteile für die deutsche Industrie beseitigen. So könnte übergangsweise ein Teil der EU-Mitgliedstaaten einen Mindestpreis im EU ETS umsetzen, wie etwa Großbritannien dies in der Vergangenheit getan hat. Gegenüber dem vom Vereinigten Königreich gewählten Modell einer Steuer in Höhe der Differenz zwischen Zertifikatspreis und anvisiertem Mindestpreis müsste jedoch zum einen ein Mechanismus zum Zurückhalten von Zertifikaten eingeführt werden (um den Wasserbetteffekt auszuschalten) und zum anderen eine flexiblere Anpassung der Steuer an Veränderungen im Zertifikatpreis erfolgen, als es derzeit von Großbritannien getan wird. Auch wenn dies wahrscheinlich zur Folge hätte, dass Deutschland Strom importiert, ist die Angst unbegründet, dass die Stromversorgung zu stark vom Ausland abhängig wäre. Deutschland produziert seit Jahren mehr Strom, als es verbraucht. Im Jahr 2017 wurden knapp 6,5 % der Gesamtproduktion exportiert. Bei der oben beschriebenen Politik würde Deutschland stattdessen einen vergleichbaren Anteil seines Strombedarfs importieren.

Ein höherer Mindestpreis bedeutet jedoch beispielsweise für Polen größere Vermeidungsanstrengungen und Kosten in Form von weniger Arbeitsplätzen im Kohleabbau und in energieintensiven Industrien. Eine Akzeptanz für solche Maßnahmen erfolgt nur dann, wenn die Betroffenen dafür finanzielle Unterstützung erhalten. Solche Transfers lassen sich durch die zusätzliche Zuweisung von Emissionsrechten ermöglichen und wurden in der Vergangenheit bei strittigen Fragen immer wieder erfolgreich vereinbart.

Sektorale Erweiterung des Europäischen Emissionshandels

Der Emissionshandel ist umso effizienter, je mehr Sektoren er umfasst, da dann die günstigsten Optionen für die Emissionsminderung genutzt werden können. Im Europäischen Emissionshandel EU ETS sind die Emissionen des Stromsektors, Teile des Industriesektors sowie alle Flüge innerhalb der EU begrenzt. Der Transportsektor und der Wärmesektor werden nicht im EU ETS reguliert. Die Entscheidung über die Einbeziehung des Flugverkehrs außerhalb Europas wurde nach intensiven Protesten aus China und den USA bis Ende 2023 ausgesetzt.

Für den Transportsektor sind bislang noch keine Emissionsobergrenzen bindend. Für Autos und neuerdings auch Lastkraftwagen gelten stattdessen Emissionsstandards. Dies hat zwar dazu geführt, dass die Emissionen pro gefahrenem Kilometer gesunken sind, die gesamten Emissionen im Transportsektor blieben davon jedoch grundsätzlich unberührt. Dies liegt darin begründet, dass dieses Instrument keinen Anreiz bietet, weniger zu fahren oder auf andere Verkehrsmittel auszuweichen. Auch die Motivation, in Alternativen zum Verbrennungsmotor zu investieren, ist begrenzt und nur insofern vorhanden, als dass Hersteller durch den Verkauf von Elektrofahrzeugen ihre Flotten-Emissionsquoten einhalten können. Effizienzstandards bergen daher immer das Risiko, dass die Emissionen trotzdem steigen und die Anreize für Innovationen zu gering sind. Daher wäre es sinnvoll, den Transportsektor in den Emissionshandel zu integrieren, um eine absolute Obergrenze für Emissionen einzuführen und eine direkte Motivation zur Emissionsminderung zu schaffen.

Versteigerung oder kostenlose Zuteilung

Die Verteilungsgerechtigkeit des EU ETS kann gewahrt werden, wenn die Zertifikate nicht kostenlos zugeteilt, sondern versteigert werden. Für die betroffenen Unternehmen entstehen durch die kostenlose Zuteilung Zusatzgewinne, da die Zertifikate auf dem Markt nach der Vergabe einen Preis bekommen, der das Vermögen der Unternehmen erhöht. Bei einer Versteigerung hingegen müssen die Unternehmen für ihre Anfangsausstattung bezahlen; die Versteigerungserlöse kommen dem Steuerzahler zugute. Nahezu die Hälfte aller Emissionsrechte wird im Stromsektor auktioniert. Die andere Hälfte wird den Wirtschaftszweigen zugeteilt, von denen vermutet werden kann, dass sie in einem starken internationalen Wettbewerb stehen, wie beispielsweise die Aluminium-Produktion oder die chemische Industrie. Damit soll die Abwanderung dieser Industrien verhindert werden. Die Auktionserlöse werden den Mitgliedsstaaten proportional zu ihren Emissionen zurückerstattet.

Weitere Instrumente europäischer Klima- und Energiepolitik

Der Emissionshandel ist jedoch nur ein Instrument der europäischen Klima- und Energiepolitik. Der Übergang zu einer emissionsarmen Wirtschaftsweise für die nicht vom EU ETS erfassten Sektoren – den sogenannten Nicht-ETS-Sektoren – wird durch Emissionsziele im Rahmen der EU-Effort-Sharing-Entscheidung und der EU-Climate-Action-Verordnung geregelt. Dies betrifft insbesondere die Sektoren Verkehr, Gebäude und Landwirt-

schaft und erfordert die Integration verschiedener energiepoliti-
scher Bereiche in ein Bündel von koordinierten Maßnahmen.

Von einer eigenständigen europäischen Energiepolitik kann
man erst seit 2009 sprechen, seit im Artikel 194 des Lissabon-
Vertrags funktionsfähige Energiemärkte, Energiesicherheit, die
Förderung der erneuerbaren Energien und der Energieeffizienz
sowie die Integration des europäischen Strommarktes festgeschrieben wurden. Die EU-Kommission will durch eine Reihe
von Maßnahmen die Energieeffizienz steigern, vor allem um die
Energieimporte zu reduzieren und damit die Energiesicherheit
zu erhöhen: Die Eco-Design-Richtlinie gehört ebenso dazu wie
die Sanierung des Gebäudesektors und die staatliche Beschaf-
fungspolitik. Ein europäischer Strommarkt soll die Kosten der
Fluktuation bei den erneuerbaren Energien kurzfristig senken.
Ziel ist es, die Energieeffizienz und die erneuerbaren Energien
in der EU ebenso zu fördern wie CCS. Bislang sind jedoch alle
EU-Projekte zu CCS an politischen Hürden gescheitert. Die sogenannte «Renewable Energy Source Directive» wurde 2018
aktualisiert und schreibt vor, dass der Anteil der erneuerbaren
Energien bis zum Jahr 2030 30 % an der europäischen Stromproduktion erreicht haben soll. Dabei wurden die vorher bestehenden verbindlichen Ziele für die einzelnen Mitgliedsstaaten
aufgegeben. Nun sind diese stattdessen verpflichtet, ihre nationalen Pläne bei der Kommission einzureichen. Die Instrumente
der Mitgliedsstaaten orientieren sich zwar an den gesamteuropäischen Zielen, sind jedoch nur unzureichend aufeinander abgestimmt. Das Beispiel der deutschen Energiewende zeigt, dass
dies zu unerwünschten Wirkungen führen kann. Damit müssen
wir uns nun im nächsten Abschnitt auseinandersetzen.

Die deutsche Energiewende und der Klimaschutz

Die deutsche Energiewende ist eng mit der Umweltbewegung
verbunden: Der Ausstieg aus der Kernenergie und die Förderung der erneuerbaren Energien sollten eine nachhaltige Energieversorgung sicherstellen. Ihre Wurzeln reichen zurück zum
Einzug der Grünen in den deutschen Bundestag 1983. Das Re-

aktorunglück 1986 in Tschernobyl delegitimierte die Kernenergie als billige und sichere Quelle der Stromversorgung bis weit
in die Mitte der Gesellschaft. Im Jahr 2000 wurde unter der rot-
grünen Bundesregierung der Ausstieg aus der Kernenergie beschlossen. Diesen Ausstiegsbeschluss nahm die schwarz-gelbe
Bundesregierung 2010 zwar wieder zurück; nach dem Reaktor-
unglück in Fukushima 2011 entschloss sich dieselbe Bundesregierung aber praktisch über Nacht, bis 2022 aus der Kernenergie
auszusteigen. Die Zustimmung zum Ausstieg aus der Kernenergie ist in Deutschland sehr hoch, und an diesem Konsens rüttelt
bislang keine der im Bundestag vertretenen Parteien.

Seit den 1990ern haben sich fast alle Bundesregierungen
energie- und klimapolitische Ziele gesetzt: Der Ausbau der erneuerbaren Energien, die Minderung von Treibhausgasemissionen und die Erhöhung der Energieeffizienz sind Bestandteil dieses Zielkatalogs. Die aktuellen Ziele wurden im Energiekonzept
(2010) und in einem Beschluss des Bundeskabinetts (2011) festgelegt; auch im EEG sind Ziele formuliert. Der neueste – und
detaillierteste – Zielkatalog wurde im «Klimaschutzplan 2050»
formuliert, den das Kabinett Ende 2016 als Reaktion auf die
Klimakonferenz in Paris beschlossen hat. Seine zentralen Ziele
sind in Tabelle 2 zusammengefasst.

Der Klimaschutzplan hat auch für die einzelnen Sektoren
Ziele formuliert. Die Sektoren haben unterschiedlich stringente
Ziele, weil sich Emissionen im Gebäudesektor einfacher reduzieren lassen als im Verkehrssektor, beispielsweise durch besser
isolierte Häuser. Ein emissionsarmer Stromsektor hat dabei
eine Schlüsselrolle für alle anderen Sektoren, weil dort Strom
fossile Brennstoffe ersetzen soll – etwa in Wärmepumpen und
Elektroautos. Leider wurde gerade im Stromsektor in den Jahren bis 2015 wieder vermehrt Kohle eingesetzt, und die Emissionen im Verkehr sind leicht angestiegen. Aus diesem Grund hat
die Bundesregierung angekündigt, dass die Ziele des Klimaschutzplans für 2020 nicht erreicht werden können und stattdessen nur eine Absenkung der Emissionen um 32 % (anstatt
von 40 %) gegenüber dem Basisjahr 1990 erzielt wird. Um langfristige Emissionsminderungen umzusetzen, soll nun bis Ende

	2020	2030	2040	2050
Treibhausgasemissionen (im Vergleich zu 1990)	−40 %	−55 %	−70 %	−80 % bis −95 %
Erneuerbare Energien (Anteil Gesamtenergieverbrauch)	18 %	30 %	45 %	60 %
Erneuerbare Energien (Anteil Stromerzeugung)	35 %	*	*	mindestens 80 %
Primärenergieverbrauch (im Vergleich zu 2008)	−20 %	−	−	−50 %

* Im Strombereich sind die Zwischenziele für erneuerbare Energien nicht für 2020 und 2030 formuliert, sondern für 2025 und 2035.

Tab. 2: Ziele des Klimaschutzplans 2050. Quelle: BMUB (2016)

2019 ein rechtlich verbindliches Klimaschutzgesetz verabschiedet werden. Zusätzlich wurde eine Kommission eingesetzt, die Möglichkeiten für einen Kohleausstieg aufzeigen soll.

Die Wiederkehr der Kohle bis 2015

Warum bis 2015 wieder mehr Kohle zur Stromerzeugung verwendet wurde, zeigt sich, wenn man sich die Funktionsweise des Strommarktes vor Augen führt. Wie auf jedem Markt, so bestimmt auch auf dem Strommarkt das Zusammenspiel von Angebot und Nachfrage den Preis. Atomkraftwerke sind traditionell im Betrieb die kostengünstigsten Kraftwerke, gefolgt von den Braunkohle- und Steinkohlekraftwerken. Die teuersten Kraftwerke sind die Gas- und Ölkraftwerke zur Deckung der Spitzenlast. Diese sogenannte «Merit-Order» bestimmt die Reihenfolge, wie die verschiedenen Kraftwerkstypen zum Einsatz kommen. Ist die Nachfrage gering, werden nur die günstigsten Kraftwerke zur Stromerzeugung herangezogen; ist die Nachfrage hoch, wird auch auf relativ teure (Gas-)Kraftwerke zurückgegriffen. Nachdem die Rolle von Kohle bei der Stromerzeugung jahrzehntelang zurückging und die von Erdgas zunahm, kehrt sich dieser Trend seit 2010 um (siehe Abbildung 13). Zwischen 2009 und 2016 wurden in Deutschland 17 Kohlekraftwerke mit einer Gesamtleistung von fast 10 Gigawatt in Betrieb genommen.

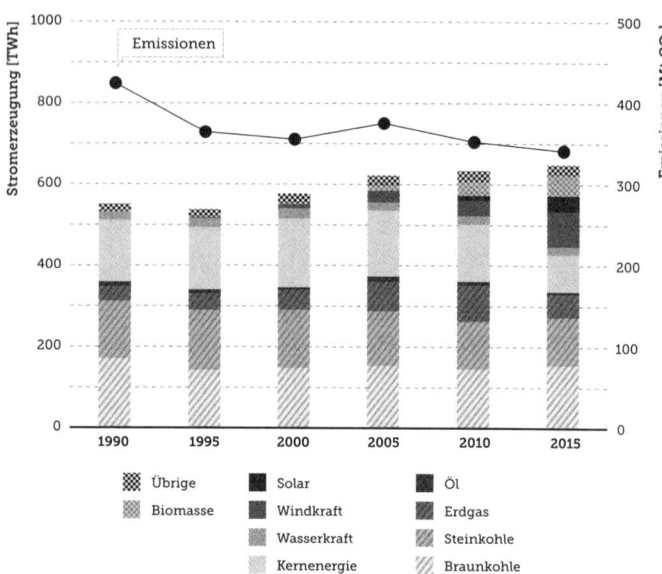

Abb. 13: Stromerzeugung und daraus resultierende CO_2-Emissionen
in Deutschland 1990–2015. Quelle: BMWi (2016), IEA (2016)

Dies ist dadurch zu erklären, dass sich die Kostensituation zugunsten der Kohle gewandelt hatte: Das Verhältnis der variablen Kosten der Stromerzeugung aus Kohle und Gas bestimmt sich durch die Preise für Kohle, Erdgas und CO_2. Das Verhältnis des Gaspreises zum Kohlepreis schwankt zwar innerhalb eines Jahres beträchtlich, dennoch hat es sich zwischen 2010 und 2015 zugunsten der Kohle verändert. Der Verfall des Kohlepreises gegenüber dem Gaspreis war ein wichtiger Grund, warum die Stromerzeugung seit einigen Jahren aus Kohlekraftwerken günstiger war als die aus Gaskraftwerken. Gleichzeitig fiel auch der CO_2-Preis um etwa 60 % von 16 €/t auf 6 €/t. Der Preisverfall hat die variablen Kosten von emissionsintensiven Braunkohlekraftwerken, die von einem CO_2-Preis stärker betroffen sind als etwa Gaskraftwerke, ungefähr halbiert. Die Preise von Kohle und Gas werden auf dem Weltmarkt gebildet. Die Politik hat darauf keinen großen Einfluss. In manchen Jahren begünstigen die Preisrelationen die Kohle im Stromsektor, in anderen Jahren kann sich dieser Trend für kurze Zeit verändern, wie beispielsweise in den Jahren 2016 und 2017, in denen die Kohlenutzung zurückging, unter anderem auch aufgrund der steigenden Preise für EU-ETS-Zertifikate. Daraus kann für die Politik aber nur folgen, dass ein CO_2-Preis notwendig ist, um die Emissionen zu senken: Auf diesen Preis hat die Politik einen unmittelbaren Einfluss – sie hat den Markt ja überhaupt erst geschaffen. Daher wäre die Wiederkehr der Kohle mit einem ausreichend hohen CO_2-Preis im Rahmen einer langfristig glaubwürdigen europäischen Klimapolitik vermeidbar gewesen.

Die Vorschläge der «Kohlekommission» zum deutschen Kohleausstieg

Die Bundesregierung hat 2018 die Kommission «Wachstum, Strukturwandel und Beschäftigung» einberufen, «um einen breiten gesellschaftlichen Konsens über die Gestaltung des energie- und klimapolitisch begründeten Strukturwandels in Deutschland herzustellen». Das war auch dringend notwendig. Denn Deutschland hat seit 2011 zehn neue Kohlekraftwerke gebaut und verzeichnet mit Abstand die höchsten Kohleemissionen in der EU (fast 40% der gesamten Kohleemissionen der EU). Diese sind doppelt so hoch wie die des Nachbarlandes Polen als zweitgrößtem Emittent von Kohleemissionen. In der Kommission verhandelten Vertreter der Industrie, der Gewerkschaften und der Umweltverbände sieben Monate über den deutschen Kohleausstieg. Ihre Empfehlungen spiegeln einen Kompromiss der beteiligten Interessengruppen wider.

Den vier Kohleländern Nordrhein-Westfalen, Sachsen, Sachsen-Anhalt und Brandenburg wurden 40 Milliarden € an Strukturhilfen ebenso zugesichert wie jährliche Zahlungen von 1,5 Milliarden € an Sofortmaßnahmen bis 2021. Den Beschäftigten, die älter als 58 Jahre sind, sollen 5 bis 7 Milliarden € an Anpassungsgeld ausgezahlt werden. Industrie und Haushalte erhalten nach dem Willen der Kommission bis 2030 14 bis 20 Milliarden € an Kompensationen für steigende Strompreise. Die Kraftwerksbetreiber sollen mit 600 Millionen € pro Gigawatt für die vorzeitigen Kraftwerksstilllegungen entschädigt werden.

Bis zum Jahr 2023 sollen im Gegenzug Kraftwerkskapazitäten von 7,5 Gigawatt (zusätzlich zur bereits vorher angekündigten Kapazitätsminderung von 5 Gigawatt) stillgelegt werden. Der Regierung wird empfohlen, mit den Kraftwerksbetreibern den Ausstiegspfad bis 2023 bilateral zu verhandeln. Wie dieser Pfad nach 2023 aussehen soll, lässt die Kommission offen. Im Jahr 2038 wird nach dem Willen der Kommission das letzte Kohlekraftwerk vom Netz gehen. Auf dem Papier ist dieser Ausstiegspfad mit den Minderungszielen der Bundesregierung vereinbar und kann, gemessen an den Vorschlägen, die im Vorfeld zirkulierten, als ambitioniert bezeichnet werden; jedoch ist er nur schwer in Einklang zu bringen mit den Reduktionsverpflichtungen Deutschlands im Rahmen des Paris-Abkommens.

Darüber hinaus empfiehlt die Kommission den «marktkonformen» Ausbau der erneuerbaren Energien mit einem Anstieg von 65 % bis 2030 sowie die Modernisierung und den Ausbau der Stromnetze. Das System der Entgelte, Abgaben und Umlagen soll umgestellt werden. Die Finanzierung der Netzentgelte über den Strompreis steht dabei genauso in der Kritik wie die Stromsteuer, weil sie erneuerbare Energien und fossile Energieträger gleichermaßen belastet. Die Debatte um die Versorgungssicherheit hat die Frage wieder neu belebt, ob der Energy-Only-Markt ausreicht, um genügend Kapazitäten bereitzustellen, wenn der Wind nicht weht und die Sonne nicht scheint. Die Kommission rät davon ab, zwischen 2023 und 2025 Kohlekraftwerke vom Netz zu nehmen, weil in diesem Zeitraum die letzten Kernkraftwerke in Deutschland stillgelegt werden.

Die Empfehlungen der Kohlekommission weisen gravierende Mängel auf, die es zu beheben gilt, wenn diese politische Großanstrengung auch wirklich das Klima stabilisieren soll. Denn zum einen ist nicht geklärt, ob und wie die freigesetzten Zertifikate gelöscht werden sollen, um tatsächliche Emissionsminderungen zu erzielen (siehe Wasserbetteffekt im Abschnitt «Der Europäische Emissionshandel und die nationale Klimapolitik»). Zwar kann man darauf hoffen, dass ein Teil der freigesetzten

Zertifikate der Marktstabilitätsreserve (MSR) zugeführt wird, die in Kraft tritt, sobald die Menge der verfügbaren Zertifikate eine festgelegte Obergrenze überschreitet. Neuere Analysen zeigen aber, dass das nicht der Fall ist, da freigesetzte Zertifikate den Preis senken und dann sofort anderswo in der EU nachgefragt und benutzt werden, was in bisherigen Analysen der MSR-Reform nicht ausreichend berücksichtigt wurde. Würde die deutsche Politik diesen Wasserbetteffekt nicht durch aktive Stilllegung von Zertifikaten neutralisieren, wäre den Bürgern ein derart teuer erkaufter Kohle-Kompromiss wohl kaum zu vermitteln.

Die Löschung von Zertifikaten ist zwar mit der EU-ETS-Reform nun rechtlich zulässig, aber die Regierung befürchtet, dass es dann für den Bundesfinanzminister zu Einnahmeausfällen kommt, da weniger Zertifikate versteigert werden können. Abschätzungen legen jedoch nahe, dass die Löschung von Zertifikaten nicht zwangsläufig zu Einbußen für den Bundeshaushalt führen muss. Da das verknappte Angebot insgesamt einen höheren Preis zur Folge hat, würden die aus diesem höheren Preis resultierenden Zusatzeinnahmen die Verluste von Einnahmen durch einen geringeren Verkauf überkompensieren.

Eine weitere drohende Gefahr für den deutschen Kohleausstieg ist, dass die Verknappung der Kohlekraftwerkskapazitäten zu höheren Strompreisen und damit zu einer verstärkten Auslastung der noch nicht stillgelegten, derzeit nicht voll ausgelasteten Steinkohlekraftwerke führt. Damit könnten die Emissionen weniger sinken als angenommen. Mit anderen Worten: Der Strommarkt macht den Planern des Kohleausstiegs einen Strich durch die Rechnung.

Unterstützung kommt von unerwarteter Seite: Im Europäischen Emissionshandel ist, wie oben beschrieben, der Preis für die Tonne CO_2 beträchtlich gestiegen, Anfang Januar 2019 lag er bei 25 € pro Tonne CO_2. Bei diesem Preis werden die teureren Gaskraftwerke gegenüber älteren Steinkohlekraftwerken wieder zunehmend rentabel. Existiert ein geeignet hoher CO_2-Preis, sinken die Emissionen unverzüglich, weil, wie etwa im Jahr 2018 geschehen, die Produktion der Kohlekraftwerke sofort zurückgefahren wird und nicht erst, wenn Verhandlungen mit einzelnen Kraftwerksbetreibern abgeschlossen sind. Die Versorgungssicherheit für das Stromnetz wie die Fernwärme bliebe aber voll erhalten, weil die Leistung zunächst noch verfügbar ist.

Bereits ein moderater CO_2-Preis schafft daher im Stromsektor zeitlichen Spielraum, um den Umbau von Stromerzeugung, Netzen und Wärmebereitstellung auf hohe Anteile erneuerbarer Energien kostengünstig zu realisieren. Massive Investitionen in neue Gaskraftwerke könnten weitgehend entfallen. Wenn Kraftwerksbetreiber langfristig von einem spürbaren CO_2-Preis ausgehen können, werden schon aus betriebswirtschaftlichen Gründen Alternativen für die Versorgungssicherheit und Fernwärmebereitstellung geschaffen; dies bietet die Möglichkeit, die Kohlekraftwerke vom Netz zu nehmen.

Ohne ausreichenden CO_2-Preis riskiert Deutschland, dass auch die Klimaziele 2030 nicht erreicht werden oder der Kohleausstieg unverhältnismäßig teuer zu Buche schlägt. Wird auf europäischer Ebene kurzfristig keine Einigung im Sinne einer Koalition der Willigen erzielt, könnte Deutschland eine zusätzliche nationale CO_2-Gebühr erheben. Die Grundidee: Ist der Preis am europäischen Zertifikatemarkt zu niedrig, gleicht eine zusätzliche nationale CO_2-Gebühr die Differenz zum Mindestpreis aus, den Deutschland für seine Kraftwerke festlegt. Im Gegenzug werden Emissionszertifikate im Europäischen Emissionshandel stillgelegt. Was eine flexible nationale CO_2-Gebühr bewirken kann, zeigt das Beispiel Großbritannien. Dort wurde die Gebühr bereits 2013 eingeführt, womit sich die Verstromung von Kohle schnell reduzierte. Eine so ausgestaltete CO_2-Gebühr würde langfristig auch verhindern, dass nach 2030 zu viele Gaskraftwerke ans Netz gehen und dadurch die Emissionen zu stark steigen. Je erfolgreicher es Deutschland gelingt, weitere europäische Mitgliedsstaaten für einen Mindestpreis zu gewinnen, umso mehr kann auch der Wasserbetteffekt neutralisiert werden.

In einem Sondervotum haben sich einige Mitglieder der Kohlekommission für einen CO_2-Mindestpreis ausgesprochen.

Offenbar konnte sich die Mehrheit der Mitglieder aber nicht auf diese kosteneffiziente Option einigen. Der Gesetzgeber ist jedoch frei, sich das Sondervotum zu eigen zu machen, um einen erfolgreichen Kohleausstieg zu gewährleisten. Warum ließ sich für dieses Instrument keine Mehrheit in der Kommission finden? Industrie und Gewerkschaften wollten Kompensationszahlungen, die Umweltverbände kämpften für ein frühes Ausstiegsdatum und eine ausreichend hohe Gigawattzahl – beides hatte für ihr jeweiliges Klientel eine hohe Bedeutung. Teile der Energiewirtschaften verfolgten das Ziel, neue Gaskraftwerke zu bauen, und die vier Kohleländer waren mehr an den Strukturhilfen interessiert als an einer effektiven Klimapolitik. Das Ergebnis: Es wurde ein Konsens erzielt, bei dem das Verursacherprinzip auf den Kopf gestellt wird. Die Verschmutzer zahlen nicht, sondern werden für unterlassene Schädigung kompensiert. Es darf bezweifelt werden, ob dieser Konsens als Vorbild für andere Länder gelten kann, die ebenfalls aus der Kohle aussteigen wollen.

Die Förderung der erneuerbaren Energien

Die Stromerzeugung aus erneuerbaren Energien ist in Deutschland seit dem Jahr 2000 rasant gewachsen. Allein durch die Marktkräfte wäre das nicht möglich gewesen, selbst bei einem höheren CO_2-Preis. Das im Jahr 2000 in Kraft getretene EEG und sein Vorläufer, das Stromeinspeisegesetz von 1990, subventionierte erneuerbare Energien und gewährt ihnen eine Abnahmegarantie, den sogenannte Einspeisevorrang. So ist es gelungen, den Anteil der Erneuerbaren im Strommix von 4% Anfang der 1990er Jahre auf 15% im Jahr 2008 und 36% im Jahr 2017 zu erhöhen (siehe Abbildung 13). Zugleich sind die Stromgestehungskosten der Erneuerbaren durch Verbesserungen der Erzeugungstechnologien und mehr Wettbewerb unter den Herstellern gesunken, vor allem die der Photovoltaik und der Windenergie auf Land. Windenergie lieferte im Jahr 2017 16% des deutschen Stroms, Solarenergie 6%, Biomasse knapp 7% und Wasserkraft 3%. Das deutsche EEG hat möglicherweise auch dazu beigetragen, dass die Stromgestehungskosten für

Wind und Photovoltaik global stark gesunken sind und somit auch für andere Länder eine attraktive Energiequelle darstellen.

Die Förderung geschieht über einen festen, meist 20 Jahre garantierten Einspeisetarif. Die Differenz zum Preis an der Strombörse wird hierbei von den Stromverbrauchern als Umlage finanziert. Wegen des starken Ausbaus von Wind- und Solarenergie und den niedrigen Preisen an der Strombörse nach 2010 sind die Ausgaben für das EEG sprunghaft angestiegen. Insgesamt werden sich die Subventionen für erneuerbare Energien bis zum Jahr 2030 wohl auf mehr als 200 Mrd. € aufsummieren – je nach den Annahmen, die über die zukünftige Strompreisentwicklung gemacht werden. Daher hat das EEG eine Reihe von grundlegenden Reformen durchlaufen. Die 2012 eingeführte Marktprämie belohnt diejenigen Anlagen mit zusätzlichen Erlösen, die aufgrund ihrer Betriebsweise ökonomisch besonders wertvoll sind, z.B. Windanlagen, die relativ gleichmäßig Strom erzeugen. 2015 bis 2017 wurde die Förderung ein weiteres Mal schrittweise grundlegend umgestellt. Die Politik legt zwar nach wie vor den Ausbaupfad der erneuerbaren Energien fest, die Mengen werden jedoch versteigert, so dass die erneuerbaren Energien einem Kostenwettbewerb ausgesetzt sind, weil nur der günstigste Anbieter den Zuschlag erhält. Der Einspeisetarif wird also nicht mehr direkt durch die Politik festgelegt, sondern ergibt sich durch Wettbewerb. Dadurch wird außerdem verhindert, dass mehr (oder weniger) Kapazität gebaut wird, als die Politik wünscht. Die ersten Auktionen für Photovoltaik scheinen ein voller Erfolg gewesen zu sein: die gezahlten Preise lagen deutlich niedriger als erwartet, erneuerbare Energien sind für die Verbraucher also günstiger als bisher.

Auch wenn sich die Energiewende einer relativ hohen politischen und gesellschaftlichen Zustimmung erfreut, bleibt die Frage, ob die erneuerbaren Energien überhaupt subventioniert werden müssen und wie ein Strommarkt aussähe, der in der Lage ist, einen hohen Anteil erneuerbarer Energien zu integrieren. Grundsätzlich könnte man argumentieren, dass der Strommarkt die erneuerbaren Energien integrieren kann, wenn es einen ausreichend hohen CO_2-Preis gibt. Die erneuerbaren

Energien bedürften danach keiner eigenen Förderung, denn in Zeiten, in denen der Wind nicht bläst und die Sonne nicht scheint, kämen die relativ teuren Gaskraftwerke oder Stromspeicher zum Einsatz. Der Strommarkt hätte dann lediglich dafür zu sorgen, dass sich Preise nach Angebot und Nachfrage bilden können und die Regulierungsbehörden in Zeiten knappen Stroms auch hohe Preisspitzen zulassen. Darüber hinaus müssten die Preise ebenfalls regional differenziert sein, um den Investoren zu signalisieren, wo ein Kraftwerksbau aus Sicht des Stromnetzes sinnvoll wäre. Die Energiewirtschaftler sprechen davon, dass ein solcher «Energy-only»-Markt ausreichen würde, um sicherzustellen, dass die Stromnachfrage zu jedem Zeitpunkt und an jedem Ort gedeckt wird. In diesem idealtypischen Modell bedarf es nur eines CO_2-Preises, der dafür sorgt, dass die Nutzung fossiler Energien ihre sozialen Kosten widerspiegelt. Alles Weitere erledigt der Markt. Gegen die Vorstellung, es gäbe nur dieses eine Marktversagen, werden jedoch verschiedene Einwände erhoben.

Lerneffekte bei der Diffusion der erneuerbaren Energien: Die Kosten für Photovoltaik sind in den letzten Jahren drastisch gesunken: Mit jeder Verdoppelung der Kapazität sind sie um durchschnittlich etwa 20% gefallen. Ein Marktversagen liegt dann vor, wenn der einzelne Investor durch den Ausbau der Kapazitäten dazu beiträgt, dass Kostensenkungen in der gesamten Branche anfallen. Er wird dann nicht ausreichend in den Ausbau der Kapazität investieren, weil er nicht den gesamten Ertrag seiner Investition einfährt. Es ist jedoch bislang nicht geklärt, ob die Kostensenkung tatsächlich durch Lerneffekte ausgelöst wurde, die ein Marktversagen begründen. Um diese Lerneffekte zu beschleunigen, wäre eine temporäre Unterstützung der Erneuerbaren zu rechtfertigen; eine dauerhafte Förderung ließe sich jedoch nicht begründen.

Mit dem Hinweis auf das *«Null-Grenzkosten»-Problem* wird versucht, eine dauerhafte Förderung der erneuerbaren Energien zu rechtfertigen. Der «Energy-only»-Markt mit einem hohen Anteil erneuerbarer Energien, so das Argument, sei nicht in der Lage, zu jedem Zeitpunkt und an jedem Ort ausreichend Kapazitäten bereitzustellen. Steigt nämlich der Anteil der erneuerbaren Energien, würde es keine positiven Preise am Strommarkt geben, weil die Anbieter einen Preis setzen, der ihren variablen Kosten von null entspricht. Ihre Fixkosten müssten daher durch die Einspeisetarife gedeckt werden. Dies ist jedoch kein überzeugendes Argument. Denn in Zeiten hoher Nachfrage würden auch in einem Markt mit einem hohen Anteil erneuerbarer Energien die Preise steigen. Durch die steigenden Preise kämen flexible Kraftwerke zum Einsatz, die ihre Fixkosten durch den Preisanstieg langfristig decken würden. Auch könnten die Stromverbraucher flexibel auf Preisschwankungen reagieren und z.B. die Spülmaschine einschalten, wenn der Strompreis niedrig ist. Die erneuerbaren Energien können die Nachfrage umso leichter decken, je besser durch ein integriertes Stromnetz Nachfrageschwankungen ausgeglichen werden können, je besser die Prognose von Wetterschwankungen funktioniert, je günstiger Speichertechnologien sind (z.B. Batterien) und je besser die Regelenergiemärkte funktionieren, auf denen auch die Erneuerbaren ihren Strom anbieten können. Das sind gewiss große Herausforderungen, die jedoch keine dauerhafte Subventionierung der erneuerbaren Energien begründen. Es wäre langfristig nicht sinnvoll, die erneuerbaren Energien vom Markt abzuschotten, denn ohne Förderung würde sich zwangsläufig eine Marktstruktur herausbilden, in der die Anbieter von Erneuerbaren ihre Fixkosten durch positive Preise decken. In einem solchen Markt können erneuerbare Energien durchaus bestehen, solange sie günstiger als Strom aus fossilen Quellen sind.

Wie auf jedem Strommarkt, so muss auch ein Markt mit einem hohen Anteil erneuerbarer Energien *Versorgungssicherheit* durch Vorhalten von Kapazitäten gewährleisten. Der Preis unzureichender Kapazitäten wäre für ein Industrieland hoch, weil Stromausfälle schwerwiegende Konsequenzen haben können. Ist der «Energy-only»-Markt dazu in der Lage? Da die Nachfrage auf dem Strommarkt während des Tages und über die Jahreszeiten schwankt, kommen die Gaskraftwerke nur bei der Spitzennachfrage zum Einsatz. Die Gaskraftwerke müssen in diesen Zeiten ihre Kosten hereinspielen, was nur möglich ist, wenn der Anstieg der Preise nicht durch regulatorische Vorgaben begrenzt wird. Die Ausschläge des Strompreises nach oben sind also notwendig, damit auf dem Markt ausreichend Kapazitäten auch für solche Zeiten vorhanden sind. Dies ist in jedem Strommarkt der Fall, mit oder ohne erneuerbare Energien. Es ist jedoch nicht auszuschließen, dass auch bei hohen Preisen Angebot und Nachfrage nicht zur Deckung gebracht werden können. Zur Sicherstellung von Kapazitäten wäre deren Bereitstellung zu subventionieren. Aber sind solche Kapazitätsmärkte überhaupt notwendig? Die Nachfrage nach Strom kann sehr viel flexibler gestaltet werden, wenn Heizungen, Haushaltsgeräte und Beleuchtung auf Preissignale automatisch reagieren. Big Data und Digitalisierung können einen wichtigen Beitrag zu einem solchen «Smart-Grid» leisten. Die Politik kann dies unterstützen, indem sie Preisausschläge zulässt und die Flexibilisierung der Stromnachfrage unterstützt. In Zeiten aktuell hoher Überkapazitäten auf dem Strommarkt wäre kurzfristig ein Kapazitätsmarkt ohnehin kontraproduktiv, weil dieser der Subventionierung fossiler Kraftwerke Vorschub leisten würde. Die Klima- und Energiepolitik der Zukunft sollte jedoch darauf ausgerichtet sein, Subventionen überflüssig zu machen und funktionsfähige Märkte herzustellen. Es wäre langfristig gleichermaßen kontraproduktiv und paradox, die erneuerbaren Energien vom Markt abzuschotten, denn im Gegensatz zu den fossilen Energien und der Kernenergie eröffnen sie die Möglichkeit für funktionsfähige Wettbewerbsmärkte, die die alten oligopolistischen Energiemärkte überwinden.

Von der Strom- zur Energiewende

Der klimapolitische Anpassungsdruck könnte sich für Deutschland vor allem nach 2021 erheblich erhöhen. Denn Deutschland hat nun europarechtlich verbindliche Verpflichtungen für den Klimaschutz für die Jahre 2020 bis 2030. So muss die Bundesregierung die Treibhausgasemissionen in den nicht vom EU ETS erfassten Sektoren bis 2020 um 14 % und bis 2030 um 38 % unter das Niveau von 2005 senken.

Für die Sektoren Verkehr, Gebäude und Landwirtschaft ist

bereits ab 2013 ein jährliches Emissionsbudget einzuhalten. Davon ist Deutschland weit entfernt: Ende 2017 lagen die Emissionen in den Nicht-ETS-Sektoren nur 3 % unter dem Niveau von 2005, nachdem sie in den Vorjahren deutlich gestiegen waren. So nehmen seit 2009 die Verkehrsemissionen wieder zu, so dass sie heute in etwa auf demselben Niveau liegen wie 1990 – aus Klimasicht also beinahe 30 verlorene Jahre.

Deutschland wird nach Lage der Dinge die Minderungsziele für Nicht-ETS-Sektoren nicht erreichen, kann sich jedoch in bilateralen Verhandlungen Minderungsleistungen bei anderen Staaten der EU einkaufen. Dabei ist aber fraglich, zu welchem Preis diese Emissionsrechte abgegeben werden, da in den anderen EU-Mitgliedsstaaten vor allem im Verkehrsbereich ebenfalls beträchtliche Minderungsanstrengungen notwendig sind. Geht man von einem Preis von 50 bis 100 € pro Tonne CO_2 aus, dann würden für Deutschland im Zeitraum von 2021 bis 2030 zwischen 30 und 60 Milliarden € an zusätzlichen Belastungen im Haushalt entstehen. Je weniger Emissionsrechte zwischen den einzelnen Mitgliedsstaaten gehandelt werden können, umso stärker wächst der Druck auf Deutschland, die Emissionen national zu vermindern.

Diese Entwicklung wird der europäischen Klima- und Energiepolitik eine eigene Dynamik verleihen, da dann de facto zwei parallele Emissionshandelssysteme bestehen. Neben dem EU ETS, an dem sich Firmen beteiligen, wird es noch ein weiteres Handelssystem geben, in welchem Staaten bilateral Emissionsrechte handeln. Damit entwickeln sich in der Folge auch zwei Preissignale, und voraussichtlich wird der Preis außerhalb des EU ETS erheblich höher sein als derjenige im EU ETS. Dadurch könnte ein beträchtlicher Druck dahingehend entstehen, dass Emissionsrechte im EU ETS auf die anderen Bereiche angerechnet werden können. Falls dies geschieht, würde der Preis für Emissionseinsparungen in Nicht-ETS-Sektoren sinken, der im EU ETS steigen. Dies würde den Druck auf die Kohlekraftwerke weiter erhöhen und den europäischen Kohleausstieg beschleunigen. Vor allem von der deutschen Autoindustrie könnte zusätzlicher Druck aufgebaut werden, die von der EU festgelegte Arbeitsteilung zu ihren Gunsten zu verändern. Auf europäischer Ebene könnte es zu einer Harmonisierung der beiden Emissionshandelssysteme kommen; die Arbeitsteilung zwischen den verschiedenen Sektoren wird dann nicht mehr durch die Politik festgelegt, sondern durch die Marktkräfte, wodurch die volkswirtschaftlichen Kosten der europäischen Klimapolitik beträchtlich sinken würden.

Herausforderung Verkehrswende

Aber selbst wenn diese Integration der beiden Emissionshandelssysteme gelänge, wären damit die Probleme des Verkehrssektors noch nicht vollständig gelöst. Er erweist sich als besonders kompliziert für die Einführung politischer Instrumente, weil neben dem CO_2-Ausstoß zahlreiche andere Probleme bestehen, die von einem integrierten Politikmix gleichzeitig gezielt adressiert werden müssen: Die lokale Luftverschmutzung, die volkswirtschaftlichen Kosten von Staus, Verkehrsunfällen und Flächenverbrauch. Staus in den Innenstädten etwa lassen sich aber nicht dadurch vermindern, dass man mehr Straßen baut und damit die Städte «autogerechter» gestaltet, sondern indem die vorhandene Infrastruktur effizienter genutzt und Alternativen, wie beispielsweise öffentlicher Nahverkehr, zur Verfügung gestellt werden. Eine kilometerabhängige Gebühr für die Straßennutzung kann nicht nur zu sinkenden Stauzeiten, sondern auch zu weniger Emissionen und zu einem geringeren Flächenverbrauch führen. Für besonders vom Stau betroffene Innenstädte müsste für die Haupt- und Nebenverkehrszeit eine differenzierte Maut erhoben werden. Steuern auf den Treibstoff sind daher kein geeignetes Mittel, um verstopfte Innenstädte zu verhindern, und sollten daher entsprechend des CO_2-Gehaltes erhoben werden.

Grundsätzlich ist die Besteuerung von Treibstoff aber ein wirksames Instrument: So führt ein Anstieg der Treibstoffpreise um 10% zu einer Verminderung der gefahrenen Kilometer um 3 bis 5%. Dabei zeigt sich, dass Dieselfahrer besonders empfindlich auf Preiserhöhungen reagieren. Treibstoffsteuern verändern aber nicht nur das Fahrverhalten, sondern auch Angebot und Nachfrage von Neufahrzeugen. Bei hohen Treibstoffsteuern werden effizientere und leichtere Fahrzeuge nachgefragt. Das Kaufinteresse an SUVs ist bei hohen Steuern stark rückläufig, die Verschrottung von Altfahrzeugen wird beschleunigt.

In Deutschland wird Diesel derzeit geringer besteuert als Benzin. Die Unterschiede in der Besteuerung sind aber weder aus umwelt- noch aus finanzpolitischer Perspektive gerechtfertigt. Zwar ist ein Dieselfahrzeug beim Verbrauch effizienter – pro Kilometer stößt es deutlich weniger CO_2 als ein Benziner aus. Allerdings haben die Dieselsteuervorteile den Kauf schwerer und PS-starker Autos attraktiv gemacht, die die Effizienzvorteile der Dieseltechnologie zunichtemachen. Würde Diesel genauso hoch besteuert wie Benzin, dann würden über einen Zeitraum von fünf Jahren die CO_2-Emissionen im Verkehrssektor um circa 9 % gesenkt. Aber auch die Feinstaubbelastung und der Stickoxidausstoß würden um etwa 13 % und 11 % zurückgehen, was Dieselfahrverbote in Innenstädten überflüssig machen könnte.

Neben Mautsystemen und Treibstoffsteuern spielen Technologiestandards und die Besteuerung der Kraftfahrzeuge ebenfalls eine große Rolle. Beide Instrumente können vor allem sinnvoll sein, wenn die Konsumenten bei ihren Kaufentscheiden kurzsichtig sind, z.B. wenn sie beim Kauf eines SUVs die künftigen Kosten des Treibstoffverbrauchs unterschätzen. Technologiestandards erhöhen die Effizienz der Neuwagen, allerdings erhöhen sie auch die wirtschaftliche Nutzungsdauer ineffizienter alter Autos. Der Rebound-Effekt schlägt ebenso in einem beträchtlichen Maße zu: Bis zu 30 % der Energieeinsparung werden durch vermehrtes (durch höhere Effizienz kostengünstigeres) Fahren wieder aufgezehrt. Die Kraftfahrzeugsteuer wirkt wie eine Investitionsteuer auf den Kauf neuer Autos; sie kann für SUVs höher sein als für Kleinwagen. Unterschätzen Konsumenten den Treibstoffverbrauch und die Energieeinsparung kleinerer Autos, so beeinflusst diese Steuer die Kaufentscheidung stärker als eine Treibstoffsteuer, da der Käufer Annahmen über seinen künftigen Benzinverbrauch anstellen müsste.

Gebäudesektor

Emissionsminderungen im Gebäudebereich und eine damit einhergehende CO_2-Bepreisung werden vor allem von der Immobilienwirtschaft als Kostentreiber in Zeiten knappen Wohnungsangebots in den deutschen Großstädten abgelehnt. Dabei sind jedoch nicht die Bau- und Sanierungskosten der hauptsächliche Grund für die Steigerung der Miet- und Immobilienpreise, sondern die Steigerung der Bodenwerte, die für 80% des Preisanstiegs verantwortlich sind. Will man diesen Preisanstieg bremsen, ist die Besteuerung der Bodenwerte ein effektives Instrument. Diese Bodensteuer kann so ausgestaltet werden, dass der innerstädtische Boden effizienter genutzt und die Ausdehnung der Städte eingedämmt wird. Außerdem hilft sie den Kommunen, zusätzliche Einnahmen zu erzielen, die sie dringend für Investitionen in Energie- und Transportsysteme benötigen, um die Lebensqualität und die Wettbewerbsfähigkeit zu verbessern. Darüber hinaus würde eine Besteuerung der Bodenwerte progressiv wirken und damit die Ungleichheit in den Städten vermindern, weil Besitzer großer Vermögen einen hohen Anteil ihres Vermögens als Immobilien halten.

Landwirtschaft

Zwar sind auch für den Landwirtschaftssektor ambitionierte Minderungsziele formuliert, doch die Instrumente für den Klimaschutz sind in der Landwirtschaft bislang kaum entwickelt. In den nächsten Jahren wird es verstärkt darüber eine Diskussion geben, ob z.B. der Landwirtschaftssektor einem Emissionshandel oder einer CO_2-Steuer unterworfen werden soll. Die größte Herausforderung in der Landwirtschaft liegt darin, dass die Emissionen nicht aus wenigen Punktquellen entweichen, sondern aus einer hohen Anzahl landwirtschaftlicher Betriebe. Vielversprechende Ansatzpunkte für einen Emissionshandel könnten die Intensivtierhaltung und die Regulierung des Düngemitteleinsatzes sein. Alternativ werden Steuern auf Stickstoffüberschüsse und auf Mineraldünger diskutiert, aber auch ordnungsrechtliche Vorgaben beim Boden- oder im Düngerecht. Die Landwirtschaft spielt als Akteur in der Klimapolitik bislang nur eine untergeordnete Rolle, im Vordergrund stehen kleinteilige Maßnahmen zur Verminderung von Methan- und Lachgas. Dabei wird jedoch übersehen, dass sie sowohl vom Klimawandel als auch von der Klimapolitik betroffen sein wird: Die Ernteausfälle des Sommers 2018 vermitteln einen ersten Vorgeschmack auf die künftigen Schäden. Aber auch von der Klimapolitik wird sie nicht unmaßgeblich beeinflusst. So sind die landwirtschaftlichen Bodenwerte in Deutschland durch den Ausbau der erneuerbaren Energien beträchtlich gestiegen. Die zunehmende Bedeutung der negativen Emissionen stellt für die Landwirtschaft auch eine wirtschaftliche Chance dar. Es wird darauf ankommen, dass und wie sich die Landwirte dieser Verantwortung stellen.

Der Entwurf des deutschen Klimaschutzgesetzes vom Februar 2019

Das Bundesumweltministerium hat angesichts der europäischen Verpflichtungen Deutschlands sowie des Klimaschutzplans 2050 den Entwurf eines Klimaschutzgesetzes vorgelegt. Die Bedeutung dieses Entwurfes geht weit über seine unmittelbare tagespolitische Aktualität hinaus, weil er eine produktive Debatte über die künftige Architektur der deutschen Klimapolitik angestoßen hat. In diesem Entwurf verpflichtet sich Deutschland, seine Treibhausgasemissionen bis 2050 gegenüber 1990 um mindestens 95 % zu senken und Netto-Treibhausgasneutralität zu erreichen. Mit dieser Zielvorgabe sind die nationalen klimapolitischen Ziele mit dem Abkommen von Paris konsistent – ein ehrgeiziger und mutiger Schritt. Darüber hinaus werden auch Sektorziele festgeschrieben, denen die jeweiligen Bundesministerien verpflichtet sind. Werden diese Ziele nicht erreicht, müssen nach Vorstellung des Entwurfes die verantwortlichen Ministerien Zertifikate im zwischenstaatlichen Nicht-EU-ETS-Markt kaufen und aus eigenen Haushaltmitteln bezahlen. Damit wird ein interministerialer CO_2-Preis geschaffen, der einen Anreiz dafür setzen soll, dass die Ministerien die notwendigen Maßnahmen ergreifen. Neben dem Bundesumweltministerium sind das Bundeswirtschaftsministerium (Gebäude) sowie die Bundesministerien für Landwirtschaft, Verkehr und Finanzen für die Klimapolitik verantwortlich. Die schwierigsten Aufgaben der Emissionsminderung liegen damit nicht mehr allein beim Bundesumweltministerium, sondern ebenso in den anderen Ministerien. Die Zeiten, in denen die Umweltministerin für die schlechten Nachrichten zuständig sei, sind laut Umweltministerin Svenja Schulze vorbei.

Es ist vor diesem Hintergrund keine Überraschung, dass sich bei den Koalitionspartnern erheblicher Widerstand regt, denn die politischen Kosten der Durchführung dürften vor allem für das Verkehrs- und Landwirtschaftsministerium hoch sein. So ist zu befürchten, dass diese eher Haushaltskürzungen vornehmen werden, als ambitionierte klimapolitische Instrumente einzuführen. Sollen jedoch die Ziele erreicht werden, führt kein Weg an einem Klimaschutzgesetz vorbei, das von der gesamten Bundesregierung mitgetragen wird. Man wird dem vorliegenden Entwurf eine gewisse taktische Raffinesse nicht absprechen können. Aber ist damit auch schon eine kluge Strategie für die Klimapolitik gefunden? Problematisch an diesem ersten Entwurf ist auch, dass er für die nächste Dekade die Sektorziele festschreibt. Mittelfristig wird dies dazu führen, dass die Vermeidungskosten in den verschiedenen Sektoren unterschiedlich hoch ausfallen. In der Folge wird auf nationaler Ebene sichtbar, was auf europäischer Ebene bereits geschieht: Die Vermeidung einer Tonne CO_2 wird im Verkehrssektor sehr viel teurer sein als im Stromsektor. Über kurz oder lang führt dies angesichts dieser Preisdifferenzen zur Infragestellung der Sektorziele und damit auch der Zuständigkeiten zwischen den Ministerien. Für den Fall, dass auf europäischer Ebene Zertifikate aus dem Europäischen Emissionshandel in anderen Sektoren angerechnet werden können, gerät die Architektur des deutschen Klimaschutzgesetzes ins Wanken.

Eine sinnvollere Architektur würde die Sektorziele schrittweise in den Hintergrund treten lassen und alle Sektoren einem einheitlichen CO_2-Preissignal aussetzen. Das erfordert eine Reform der Energieabgaben, die bisher noch in keiner Weise auf die Klimapolitik ausgerichtet sind. Nicht nur die Steuern auf

Benzin und Diesel sowie Brennstoffe im Gebäudebereich müssten sich an deren CO_2-Gehalt orientieren, man müsste auch die Stromsteuer senken und die Fülle der Abgaben in der Energiewirtschaft auf den Prüfstand stellen. Auch sollten Technologiestandards und Subventionen dahingehend überprüft werden, ob sie zu kostengünstigen und gerechten Emissionsreduktionen beitragen und insbesondere einen Anreiz für entsprechende Innovationen bieten.

In Deutschland stehen Klima- und Energiepolitiker Preisinstrumenten skeptisch gegenüber. Die Proteste der französischen «Gelbwesten», die sich an der Erhöhung der Benzinpreise entzündet haben, zeigen deutlich, wie leicht eine überhastet eingeführte Steuer zu Widerständen führen kann, die sinnvollen Klimaschutz zu einem unkalkulierbaren politischen Risiko werden lassen. Es wäre naiv, die politischen Herausforderungen der CO_2-Bepreisung kleinzureden. Aber mit den klimapolitischen Zielen hat sich Europa und Deutschland ein ehrgeiziges Ziel gesetzt. Es ist jetzt schon absehbar, dass gesetzlich festgeschriebene Sektorziele zu wenig Flexibilität für drastische Emissionsreduktionen bieten. Der Versuch, ein sinnvolles Ziel mit unzureichenden Mitteln zu erlangen, gefährdet am Ende das Ziel selbst und könnte sogar zum Scheitern der deutschen Klimapolitik führen.

Klimapolitik, Ungleichheit und Armutsbekämpfung

Die überwältigende Mehrheit der Ökonomen ist sich darin einig, dass CO_2-Preise ein effizientes Instrument der Klimapolitik sind. Aber sind sie auch sozial gerecht? Grundsätzlich besteht unter Ökonomen kein Zweifel daran, dass CO_2-Preise, Mautgebühren oder Mineralölsteuern Haushalte mit geringem Einkommen stärker belasten als Haushalte mit hohem Einkommen. Sollen diese regressiven Wirkungen verhindert werden, bedarf es einer ergänzenden Steuerreform. An der Ausgestaltung dieser Steuerreform wird sich entscheiden, ob CO_2-Preise eingeführt bzw. bereits bestehende (wie z. B. durch den Europäischen Emissionshandel) erhöht werden können. In der Politik

Abb. 14: Die Kohlenstoff-Engel-Kurve. Aufteilung nach Einkommensquintilen mit dem jeweiligen Median der Pro-Kopf-Emissionen und Pro-Kopf-Ausgaben pro Jahr für die USA. Quelle: Eigene Darstellung basierend auf Einkommens- und Verbrauchsdaten in Tabelle 3 in Grainger und Kolstad (2010).

werden häufig nicht die effizientesten Maßnahmen implementiert, sondern jene, die mit dem geringsten Widerstand durchzusetzen sind. Weil die Ungleichheit der Einkommens- und Vermögensverteilung zunehmend kritisch betrachtet wird, kommt diesem Umstand große Bedeutung zu. Kann also die Klimapolitik so ausgestaltet werden, dass sie die Ungleichheit der Einkommens- und Vermögensverteilung zumindest nicht erhöht? Eine entsprechende Ausgestaltung von Steuern und die Finanzierung notwendiger Infrastruktur bieten hierzu wichtige Ansatzpunkte. Das soll in diesem Abschnitt diskutiert werden.

Eine Bepreisung von CO_2 belastet in Volkswirtschaften mit hohem Pro-Kopf-Einkommen vornehmlich die einkommensschwachen Haushalte. Wie Abbildung 14 für die USA zeigt, wären ärmere Haushalte prozentual zu ihrem Einkommen stärker von einem CO_2-Preis betroffen als reichere. Dafür gibt es im Wesentlichen zwei Gründe: Einerseits ist der Anteil an Energieausgaben für ärmere Haushalte größer als für reichere. Dies ist in den grau schattierten Balken dargestellt. Der zweite Grund bezieht sich auf die Emissionen, die zur Herstellung von Konsumgütern und Dienstleistungen anfallen. Diese sind – bezogen auf jeden ausgegebenen Dollar – für ärmere Haushalte höher als für reichere (schwarz schattierte Balken). Dies erklärt sich dadurch, dass mit steigendem Einkommen der Ausgabenanteil für Basisgüter sinkt, während der für Luxusgüter ansteigt (dies wird als Engel'sches Gesetz bezeichnet), und Letztere relativ zum Preis weniger emissionsintensiv sind. Der beschriebene Sachverhalt ändert nichts daran, dass die reichen Haushalte in absoluten Größen mehr CO_2 produzieren als die ärmeren. Dieser Zusammenhang gilt so aber nicht für ärmere Länder, in denen die unteren Einkommensklassen meist vergleichsweise wenig Energie nutzen und von einem Preisanstieg weniger stark betroffen wären.

Die Umweltpolitik der Zukunft kann nur dann gerecht sein, wenn den indirekten Steuern oder CO_2-Preisen der Stachel der Regressivität gezogen werden kann. Dies ist durch mehrere komplementäre Maßnahmen möglich: (1) eine ergänzende progressive Reform der Einkommenssteuer, (2) die Indexierung von Sozialtransfers (Arbeitslosengeld II, Kindergeld, BAföG) an Preisentwicklungen des entsprechenden Konsumkorbes sowie (3) die Nutzung der Steuereinnahmen für Investitionen und Bereitstellung öffentlicher Güter, die insbesondere ärmere Haushalte relativ zu ihrem Einkommen betrachtet stärker nutzen (z.B. Bildung, Infrastruktur, Gesundheitsversorgung). Wenn diese Maßnahmen politisch nicht umsetzbar oder mit zu hohen Transaktionskosten verbunden sind, könnten auch sogenannte «Second-Best»-Ansätze zu progressiven Umweltsteuersätzen zum Einsatz kommen. Hierbei würde der Steuersatz mit dem individuellen Verbrauch steigen, also progressiv im Verbrauch sein.

Ungleiche Belastungen einer CO_2-Steuer ließen sich auch durch den Ausbau der Infrastruktur (z.B. Transport und Telekommunikation) vor allem in ärmeren Ländern ausgleichen, die dort insbesondere einkommensschwachen Haushalten zugutekäme.

Aber wie können Staaten eine CO_2-Steuer einführen, die im Zeitalter der Globalisierung in einem Steuerwettbewerb stehen? Regierungen werden heute nicht mehr nur durch ihre Wähler bewertet, sondern auch durch die internationalen Kapitalmärkte: Hohe Staatsschulden werden abgestraft, hohe Kapitaleinkommenssteuern führen zu Kapitalflucht, die Besteuerung des Faktors Arbeit stößt an politische Grenzen. Daher können nationale Regierungen immer weniger in Infrastruktur investieren und andere öffentliche Güter bereitstellen. Diese Gefahr eines «Race to the Bottom», d.h. eines Abwärtswettlaufs, können Staaten abwehren, indem sie verstärkt CO_2 und Ressourcenrenten besteuern; dies ist auch bei einem globalen Markt für fossile Ressourcen vorteilhaft. Wenn nämlich die Einnahmen aus der CO_2-Besteuerung in Infrastruktur investiert werden, die wiederum die Produktivität der heimischen Wirtschaft fördern, wird der Standort auch im internationalen Wettbewerb besser bestehen können. Selbst eine moderate CO_2-Steuer würde Investitionen ermöglichen, die vor allem für die Bekämpfung der Armut von entscheidender Bedeutung sind. Dies betrifft unter anderem den universellen Zugang zu sauberer Elektrizität, Wasserversorgung, sanitären Einrichtungen, Bildung sowie den Zugang zu Mobilfunknetzen und Transportdienstleistungen. Würde zum Beispiel die indische Regierung die Tonne CO_2 mit zehn US$ belasten, könnte sie aus den Einnahmen jedes Jahr mehr als 60 Millionen Menschen zusätzlich Zugang zu Elektrizität, sauberem Wasser, Sanitäreinrichtungen und Telekommunikation verschaffen. Darüber hinaus könnten die Einnahmen auch für Steuersenkungen und den Abbau der Staatsverschuldung herangezogen werden. Ein Teil dieser Einnahmen könnte in das Ausbildungs- und Gesundheitssystem investiert werden. Bereits ein relativ moderater globaler Emissionspreis von 20 US$ pro Tonne CO_2-Äquivalent würde global etwa 1000 Milliarden US$ an Steuereinnahmen mit sich bringen. Aus diesem Grund sollte für Finanzminister eine CO_2-Steuer selbst dann interessant sein, wenn der Klimaschutz für sie keine Priorität hat.

5. Die Rolle der Wissenschaft in der Klimapolitik

Die Klimawissenschaft hat die klimapolitische Agenda der letzten beiden Dekaden entscheidend mitbestimmt. Hierbei ist die Frage fundamental, welche Rolle Experten spielen sollten. Diese Frage ist in den Sozialwissenschaften nicht neu. Bereits Max Weber hatte in den 1920er Jahren die Moderne als das stahlharte Gehäuse der Hörigkeit bezeichnet, aus dem es kein Entrinnen gibt: er sah die Wissenschaft und die Herrschaft der Experten als Gefahr für die Freiheit in der Moderne. Der Sachzwang, von Experten erdacht, formuliert und präjudiziert, liquidiere, so das Argument von Weber, demokratische Entscheidungen und damit die Freiheit.

Es ist bezeichnend, dass sowohl die Befürworter einer ambitionierten Klimapolitik als auch deren Gegner eine negative Utopie gemeinsam haben: Die Befürworter sind der Überzeugung, dass wir gerade darum die Freiheit verlieren, weil wir heute nicht handeln; am Ende können wir nur noch auf Katastrophen reagieren. Die Gegner befürchten, dass im Namen der Klimapolitik in das Leben von Menschen in illegitimer Weise eingegriffen wird. Ihnen erscheinen die Kosten des Klimaschutzes auch gegenüber der potentiellen Katastrophe zu hoch, weil für sie die Klimapolitik unweigerlich zum Verlust der Freiheit führt.

In beiden Dystopien spielt die Wissenschaft eine entscheidende Rolle. Sie liefert die argumentativen Waffen für diese Auseinandersetzung. Im folgenden Abschnitt geht es uns darum, eine sachgerechte Arbeitsteilung von Politik und Wissenschaft zu skizzieren. Denn gerade an dieser Arbeitsteilung wird sich entscheiden, ob Demokratien die Kraft zum Handeln finden oder am Ende an sich selber scheitern werden.

Wir werden für eine sachgerechte Verhältnisbestimmung von Wissenschaft und Politik plädieren. In einem ersten Teil stellen wir das Mandat und die Struktur des IPCC dar, im zweiten Teil untersuchen wir verschiedene Modelle der wissenschaftlichen Politikberatung. Im dritten Teil schließlich skizzieren wir die zentralen künftigen Herausforderungen der wissenschaftlichen Klimapolitikberatung.

Der Weltklimarat (IPCC)

Es gibt wohl kaum einen Bereich der Politik, der so sehr von der Wissenschaft getragen wird, wie die Klimapolitik. Die internationale Klimapolitik hat sich hierfür eine ungewöhnliche institutionelle Struktur geschaffen: den UNFCCC-Prozess und den IPCC. Die Klimarahmenkonvention (UNFCCC) bildet den institutionellen Rahmen der Klimaverhandlungen. Das Sekretariat der UNFCCC hat die Aufgabe, die Klimakonferenzen, die jährliche Conference of the Parties (COP), vorzubereiten. In diesen Verhandlungen verwenden die Diplomaten die wissenschaftlichen Erkenntnisse, die durch den Weltklimarat, den Intergovernmental Panel on Climate Change (IPCC), zur Verfügung gestellt werden. Es ist keine Übertreibung, zu behaupten, dass es ohne den IPCC wohl keine geteilte Problemwahrnehmung bezüglich der Ziele und Mittel der internationalen Klimapolitik gäbe.

Der Weltklimarat IPCC ist die führende internationale Institution, die umfassend, objektiv und transparent Informationen zusammentragen soll, damit Entscheidungsträger Klimafolgen sowie Vermeidungs- und Anpassungsoptionen bewerten können. Denn es bedarf der Wissenschaft, um sich die Ursachen des Klimawandels bewusstzumachen und über seine Folgen Rechenschaft abzulegen; aber auch die Möglichkeiten seiner Begrenzung können nicht ohne wissenschaftliche Expertise exploriert werden. Die Darstellung des vorhandenen Wissens in sogenannten Sachstandsberichten soll politikrelevant sein, ohne dabei alternativlose politische Empfehlungen abzugeben. Auch führt der IPCC keine eigene Forschung durch, sondern wertet die vorhandene wissenschaftliche Literatur aus. Der Weltklimarat funktioniert nicht wie eine Nationalakademie der Wissenschaft, beispielsweise die National Academy of Science in den USA, die Leopoldina oder die Acatech in Deutschland.

Auch Nationalakademien haben die Aufgabe, die Politik in wichtigen Fragen zu beraten. Aber im Gegensatz zu einer Nationalakademie ist der IPCC nicht einer nationalen Regierung verantwortlich, sondern allen 197 Regierungen, die die Klimarahmenkonvention unterzeichnet haben. Die Sachstandsberichte des IPCC bedürfen einer formellen Zustimmung durch die Regierungen. Der Zusammenfassung für Entscheidungsträger (Summary for Policy Makers) müssen alle Regierungen einhellig zustimmen.

So ist es keine Überraschung, dass gerade der IPCC heftige öffentliche Kritik erfahren hat. Für viele Beobachter und Journalisten ist er der Inbegriff eines technokratischen Politikmodells, in dem Experten über die Zukunft von Gesellschaften entscheiden und Eingriffe in das Leben von Menschen legitimieren, jedoch ohne demokratischen Auftrag. Ja, mehr noch: Wissenschaftler und Experten scheinen gegenüber Laien eine überlegene Kompetenz zu beanspruchen, wenn es um die Frage geht, wie wir in Zukunft leben wollen. Es ist aber nicht ersichtlich, warum Experten bei der Beantwortung existentieller Lebens- und Überlebensfragen überlegene Expertise beanspruchen können. Unbestritten hingegen ist, dass sich Wissenschaftler als Bürger öffentlich zu Wort melden dürfen und auch politische Entscheidungen unterstützen, ja sogar beeinflussen können.

Die Entstehungsgeschichte und das Mandat des IPCC

Bereits in den 1970er Jahren erhielt das Thema Klimawandel erste wissenschaftliche und mediale Aufmerksamkeit. Die erste wissenschaftliche Konferenz wurde 1979 im österreichischen Villach abgehalten, der erste internationale Bericht dazu wurde 1980 dank der Unterstützung des Umweltprogramms der Vereinten Nationen (UNEP) und der World Meteorological Organisation (WMO) veröffentlicht. 1985 schlug der damalige UNEP-Direktor Mostafa Tolba eine Rahmenkonvention vor, die sich mit der Vermeidung gefährlichen Klimawandels beschäftigen sollte. Die USA widersetzten sich damals diesem Vorschlag und beharrten darauf, dass es noch weiterer wissenschaftlicher Forschung bedürfe. 1988 wurde der IPCC gegründet. Auch wenn sich am ersten Treffen im November 1988 nur 28 Länder beteiligten, war der IPCC mit seinen drei Arbeitsgruppen unter dem Vorsitz von Bert Bolin arbeitsfähig. Bert Bolin war nicht nur ein überzeugender Wissenschaftler, sondern verstand die Entscheidungsprobleme der Politiker. Er wurde für die künftigen Vorsitzenden und die Ko-Vorsitzenden der Arbeitsgruppen stilbildend und Vorbild zugleich: Stilbildend, weil die unter ihm entstandenen Berichte für den UNFCC-Prozess die maßgebliche Quelle für die Verhandlungen wurden; Vorbild, weil er die Unabhängigkeit der Wissenschaft gegenüber der Einflussnahme der Politik zu wahren verstand. Während des ersten Treffens wurde vereinbart, dass ein «Assessment Report» verfasst werden sollte. Die Generalversammlung der Vereinten Nationen formuliert in ihrer Resolution das Mandat des IPCC, der den wissenschaftlichen Sachstand zu den Ursachen des Klimawandels ebenso zusammentragen soll wie die Möglichkeiten seiner Begrenzung. Dabei soll er die Klimarahmenkonvention unterstützen, deren Aufgabe es ist, ein international verbindliches Klimaabkommen vorzubereiten, das dann in Paris 2015 nach fast 30 Jahren auch beschlossen wurde.

Dieses Mandat der UN hat den IPCC für die bisher fünf Sachstandsberichte geprägt. Die Berichte haben die Agenda der internationalen Klimapolitik maßgeblich beeinflusst und dem IPCC 2007 den Friedensnobelpreis eingetragen. Zwar hat das Nobelpreiskomitee den Preis an den IPCC verliehen, weil dieser die Weltöffentlichkeit auf das Klimaproblem aufmerksam gemacht hat. Darüber hinaus hat er jedoch vor allem dazu beigetragen, das Entscheidungsproblem für die politischen Entscheidungsträger zu formulieren.

Die Struktur des IPCC

Der IPCC, getragen von seinen beiden «Mutterorganisationen» WMO und UNEP, besteht aus einem Panel, einem Büro, drei Arbeitsgruppen und einer sogenannten «Task Force». Die Arbeitsgruppe I evaluiert die physikalischen Aspekte des Klimawandels. Die Arbeitsgruppe II analysiert dessen Auswirkungen und die Möglichkeit der Anpassung an den Klimawandel. Die

Arbeitsgruppe III exploriert die Optionen, Emissionen zu reduzieren. Diese Optionen sollen mit ihren Kosten und Risiken bewertet werden. Die Task Force on National Greenhouse Gas Inventories hat die Aufgabe, Standards für die Ermittlung der nationalen Treibhausgasemissionen festzulegen. Am Fünften Sachstandsbericht waren mehr als 800 Autoren beteiligt. Alle Ämter im IPCC sind ehrenamtlich; getragen wird der IPCC von den Wissenschaftlern, die als Autoren die Berichte verfassen.

Die Reform des IPCC

Nachdem der Klimagipfel 2009 in Kopenhagen nicht den erhofften Erfolg eines globalen Klimaschutzabkommens gebracht hatte, geriet der IPCC ins Kreuzfeuer der Kritik. So wurde in der Arbeitsgruppe II das vollständige Abschmelzen der Himalaya-Gletscher bis zum Jahr 2035 genannt, was sich als Fehler herausstellte. Statt auf öffentliche Nachfragen hin den Fehler anzuerkennen und über das formelle Fehlerprotokoll zu korrigieren, verunglimpfte der damalige Vorsitzende des IPCC die Kritiker. Innerhalb weniger Wochen schien das Vertrauen in die Glaubwürdigkeit des IPCC zu schwinden. Dass die sogenannten Klimaskeptiker diese Kommunikationspanne ausschlachteten und den Fehler ins Absurde aufbauschten, steht auf einem anderen Blatt. Ohnehin waren Teile der Führung des IPCC der Auffassung, der IPCC bedürfe einer Reform. Zu diesem Zweck wurde der InterAcademy Council (IAC), der internationale Dachverband der Wissenschaftsakademien, beauftragt, die Verfahren zu überprüfen und Vorschläge für eine Reform des IPCC zu erarbeiten. Im August 2010 veröffentlichte der IAC seinen ersten Bericht. Wer sich einen Verriss des IPCC erhofft hatte, wurde enttäuscht: Der IAC bescheinigte dem IPCC eine erfolgreiche Arbeit. Der IPCC kläre die Öffentlichkeit sachgerecht auf, treibe die Wissenschaft voran und helfe Regierungen bei der Priorisierung ihrer Forschungsagenda. Der IAC bewertete den IPCC als eine bedeutende soziale Innovation, gerade weil er keine Organisation sei, sondern ein Netzwerk von Wissenschaftlern. Der IAC mahnte jedoch deutlichen Verbesserungsbedarf an: in der Leitung, im Management, im Begutachtungsprozess, in der Kommunikation von wissenschaftlichen Unsicherheiten, in der Öffentlichkeitsarbeit und in der Sicherstellung der Transparenz bei der Erstellung der Sachstandsberichte. Im Mai 2011 wurden die Reformvorschläge beschlossen: eine gestärkte Rolle der Gutachter der Sachstandsberichte; Vereinheitlichung der Darstellung der Unsicherheit über alle Arbeitsgruppen hinweg; Gründung einer Task Force, die die Umsetzung der Reformvorschläge ebenso überprüfen soll wie die Begutachtung der Sachstandsberichte, die Kommunikationsstrategie und die Anwendung transparenter Auswahlkriterien für Autoren.

Der IPCC und die Modelle der wissenschaftlichen Politikberatung

Die Gründer des IPCC suchten eine sinnvolle Arbeitsteilung zwischen Wissenschaft und Politik. Daher wollten sie, dass sich der IPCC politischer Empfehlungen enthält. Seine Aussagen sollen «policy relevant but not policy prescriptive» sein. Die Statuten des IPCC sagen noch wenig darüber aus, wie dieses Mandat ausgefüllt wird. Die Reformvorschläge des IAC haben zu vermehrter Transparenz und einem expliziten Umgang mit Unsicherheiten geführt. Der institutionelle Rahmen des IPCC erlaubt drei Modelle des Verhältnisses von Wissenschaft und Politik, die hier kurz dargestellt werden sollen. Wir werden zeigen, dass die ersten beiden Modelle für den IPCC kaum zukunftsträchtig sind, während das dritte Modell attraktiv für künftige Sachstandsberichte sein könnte.

Das erste Modell fußt auf einer Arbeitsteilung zwischen Politik und Wissenschaft, bei der die Wissenschaft nicht nur die Mittel ausfindig macht, sondern zugleich auch die klimapolitischen Ziele definiert. Dieses ‹technokratische› Modell suggeriert, dass es zu den Vorschlägen der Wissenschaft hinsichtlich politischer Ziele und der eingesetzten Mittel keine ernsthafte Alternative gibt. Diese könnte beispielsweise durch eine Kosten-Nutzen-Analyse geschehen, um die *optimalen* Klimaschutzziele und Transformationspfade zu berechnen. In den Anfängen des

IPCC kamen solche Kosten-Nutzen-Analysen zu dem Ergebnis, dass sich drastische Emissionsreduktionen ökonomisch nicht rechtfertigen lassen. In der Zwischenzeit ist das Ergebnis vieler dieser Analysen durchaus gegenteilig, da diese Faktoren den Wert menschlichen Lebens oder das Wohlergehen künftiger Generationen höher gewichten. Damit ist die vermeintliche Eindeutigkeit der Kosten-Nutzen-Analyse stark in Frage gestellt. Die Ergebnisse hängen von den politischen Präferenzen ab, der Weltsicht und dem gesellschaftlichen Umgang mit Unsicherheiten. Genau darum steht in modernen pluralistischen Gesellschaften das technokratische Politikberatungsmodell in der Kritik. Die Präferenzen, die Weltsichten und die Wahrnehmung der Unsicherheit sind in hohem Maße heterogen: Menschen wollen sich in Fragen ihres Lebensstils nicht vermeintlich sachlogischen Zwängen ausliefern.

Als Gegenpol zu dem technokratischen Modell steht eine Arbeitsteilung, in welcher die Festlegung politischer Ziele ohne den Anspruch einer objektiven Begründung erfolgt und die Wissenschaft lediglich zweckrational sein soll. Dieses Modell wird als ‹dezisionistisch› bezeichnet. In ihm beteiligen sich Wissenschaftler nicht mit ihrer Autorität als Wissenschaftler an dieser Zielfindung, sondern bestenfalls als Bürger, die dann aber gegenüber anderen Bürgern keine höhere Autorität beanspruchen können. Somit obliegt es der internationalen Staatengemeinschaft als legitime Subjekte des Völkerrechts verbindliche Klimaziele zu setzen. Der IPCC hätte in diesem dezisionistischen Modell die Aufgabe, herauszufinden, mit welchen Mitteln ein gegebenes Ziel am besten zu erreichen ist. Diese Ergebnisse werden in den Sachstandsberichten dargestellt und von der Plenarsitzung genehmigt, sofern sie in die Zusammenfassung für Entscheidungsträger aufgenommen werden.

Auch wenn das dezisionistische Modell auf den ersten Blick eine sinnvolle Arbeitsteilung zwischen IPCC und den Regierungen verspricht, so lässt diese sich nicht durchhalten. Da die zur Erreichung der Ziele von der Wissenschaft vorgeschlagenen Mittel Nebenwirkungen, Risiken und auch «Co-Benefits» (d. h. Synergien mit anderen Zielen) mit sich bringen, stellt sich die

Frage, ob die vorgegebenen Ziele überhaupt sinnvoll und akzeptabel sind. Sollte sich etwa herausstellen, dass durch die gewählten Mittel der Klimapolitik andere Nachhaltigkeitsziele untergraben werden, dann ist die Debatte unvermeidbar, ob nicht das Ziel verändert oder neue Mittel gefunden werden müssen, um die unerwünschten Nebenwirkungen zu vermeiden. Eine solche Debatte ist, wie auf Seite 65 diskutiert wurde, beispielsweise für die Nutzung von Biomasse zur Erreichung ambitionierter Stabilisierungsziele relevant.

Das «pragmatisch-aufgeklärte Modell» geht hier einen Schritt weiter und versucht sich an der Bestimmung einer sinnvollen Arbeitsteilung zwischen Wissenschaft und Politik. Weil Ziele und Mittel nur in einem iterativen Prozess gefunden werden können, versucht dieses Modell, Politik, Gesellschaft und Wissenschaft miteinander in einen systematischen Dialog zu bringen. Es geht nicht mehr davon aus, dass es zwischen Wissenschaft und Politik lediglich eine Einbahnstraße gibt, sondern versucht der faktischen Mehr-Weg-Kommunikation zwischen diesen beiden Bereichen Rechnung zu tragen. Dieses Modell akzeptiert, dass es keine vollständige Trennung von Fakten und Werten geben kann. Menschen setzen Mittel ein, um Ziele zu erreichen und damit praktische Wirkungen zu erzielen. Diese Wirkungen oder Handlungsfolgen können den Handlungsabsichten gemäß bewertet werden. Wenn Mittel die Handlungsabsichten untergraben, dann gibt es zwei Möglichkeiten: Entweder müssen die Ziele revidiert oder andere Mittel gefunden werden, um diese Ziele zu erreichen. Wenn eine extensive Biomassenutzung die Biodiversität potentiell zerstört oder die Nahrungsmittelsicherheit vermindert, muss entweder das 2 °C-Ziel revidiert werden, oder es müssen durch entsprechendes Landnutzungsmanagement diese Risiken vermindert werden. Dabei wird man vor allem auf jene Mittel zurückgreifen, deren Risiken handhabbar sind und die zu keinen irreversiblen Schäden führen. Dieses Kriterium der Revidierbarkeit von Mitteln ist für die Klimapolitik von grundlegender Bedeutung; denn soziale Lernprozesse sind nur dann sinnvoll, wenn die Fehler grundsätzlich revidiert werden können.

Diese Perspektive erkennt an, dass es unmöglich ist, zu «absolut objektiven» Wahrheiten zu kommen. Der IPCC hat im Fünften Sachstandsbericht hierzu häufig die Metapher vom Kartographen verwendet, der die Aufgabe hat, in einem unbekannten Gelände für die Entscheidungsträger gangbare Pfade zu explorieren. Aufgabe der Entscheidungsträger ist es dann, die Mehrheiten für einen dieser Pfade zu gewinnen. Ausgehend von einem Startpunkt legt die Wissenschaft in Zusammenarbeit mit gesellschaftlichen Gruppen und vor allem mit der Politik jene Ziele fest, deren Wirkungen exploriert werden sollen.

Die künftigen Herausforderungen für den IPCC

Die Sachstandsberichte des IPCC sind gegenwärtig das aufwändigste und komplexeste Verfahren der wissenschaftlichen Politikberatung. In der Zukunft stehen sie vor gewaltigen Herausforderungen. Diese Diskussion zeigt, welche Aufgabe die Wissenschaft gegenüber der Klimapolitik erfüllen kann:

- Die Wissenschaft kann über die Risiken eines ungebremsten Klimawandels aufklären.
- Sie kann darstellen, welche Kosten und Nutzen mit der Klimapolitik verbunden sind.
- Sie kann darüber informieren, welche Emissionen wie schnell reduziert werden müssen, wenn das Wohlergehen künftiger Generationen unterschiedlich gewichtet wird.
- Sie kann zeigen, welche Gründe plausibel sind: Wir haben bereits argumentiert, dass die Folgen eines ungebremsten Klimawandels so schwerwiegend sind, dass sich eine ambitionierte Klimapolitik rechtfertigen lässt, auch dann, wenn die Wahrscheinlichkeiten für einen ungebremsten Klimawandel noch nicht bekannt oder als gering einzuschätzen sind.

Exploration des gesamten Lösungsraumes

Die klimapolitische Wette, die wir im ersten Kapitel kurz dargestellt haben, zeigt, wie man objektives Wissen für Entscheidungen nutzen kann. Der Sechste Sachstandsbericht, der voraussichtlich 2022 veröffentlicht sein wird, muss verstärkt den gesamten Lösungsraum der Klimapolitik und die Folgen des Klimawandels ausleuchten. Dabei wird es vor allem um das Risikomanagement gehen. Die systematische Kartographie alternativer Politikpfade wird damit zum neuen Maßstab der wissenschaftlichen Politikberatung. Diese Pfade wird der Weltklimarat ausbuchstabieren müssen, ohne dabei den Politikern vorzuschreiben, welchen dieser Pfade sie gehen sollten. Gerade so kann der Weltklimarat für Entscheidungsträger relevant bleiben, ohne von nationalen Interessen instrumentalisiert zu werden. Dies wird umso wichtiger, da das Abkommen von Paris sich auf eine ambitionierte Klimapolitik festgelegt hat. Es kommt jetzt darauf an, geeignete politische Instrumente zu entwickeln.

Ex-Post-Evaluierung internationaler, nationaler und subnationaler Klimapolitik

Vor allem die Arbeitsgruppe III des IPCC musste in ihrem jüngsten Sachstandsbericht nicht nur alle relevanten künftigen Optionen ausloten, sondern war auch zuständig für die Evaluierung der Erfolge und Misserfolge der internationalen, nationalen und subnationalen Politiken (Ex-Post-Analyse). Die Evaluierung politischer Maßnahmen ist keineswegs «wertfrei», denn auch hier hängt das Urteil von den verwendeten Kriterien ab. Zum ersten Mal in seiner Geschichte hat die Arbeitsgruppe III des IPCC Philosophen an der Erstellung der Sachstandsberichte beteiligt, die verschiedene normative Bewertungskriterien von Klimapolitik diskutierten. Mit der Pluralität der Kriterien, mit denen Handlungsfolgen bewertet werden, steht und fällt die Legitimität dieser Assessments. Statt werturteilsfreie Wissenschaft zu suggerieren, die ohnehin nicht erreicht werden kann, sollten die ethischen Aspekte offen – und idealerweise wiederum in Form von Alternativen und deren Implikationen – diskutiert werden. Es kann den IPCC-Autoren und der Staatengemeinschaft daher kaum hoch genug angerechnet werden, dass sie sich im Fünften Sachstandsbericht genau dieser Herausforderung mit Erfolg stellten. Zudem zeigte die Erfahrung mit dem jüngsten IPCC-Bericht, dass Regierungen manchmal starke Widerstände gegen eine wissenschaftliche Evaluierung von Vor- und Nachteilen bestimmter Politikinstrumente oder Entwicklungen in der Vergangenheit haben. Aber ohne kritische Ex-Post-Analysen vergangener Politikentscheidungen kann es keinen ernsthaften Lernprozess geben, der künftig vor Irrwegen bewahrt.

Stärkere Fokussierung auf Nachhaltigkeit, Ungleichheit und Armut

Politisch höchst umstritten ist vor allem die Darstellung und Bewertung der verteilungspolitischen Implikationen des Klimawandels und der Klimapolitik. Der Klimawandel trifft die verschiedenen Weltregionen ungleich: Regionen wie Südasien oder Afrika werden darunter vermutlich stärker zu leiden haben als Europa. Aber auch die Kosten des Klimaschutzes sind aller Wahrscheinlichkeit nach höchst ungleich verteilt. Dies legt die Vermutung nahe, dass diese Ungleichheit die Bereitschaft zur Kooperation beim Klimaschutz erheblich beeinträchtigen wird. In der Zukunft braucht man genauere und bessere Informationen darüber, wie sich die Lasten verteilen und wie durch die Ausgestaltung von Transferzahlungen Abhilfe geschaffen werden kann.

Die Klimapolitik hat aber nicht nur unterschiedliche Wirkungen auf Länder, sondern auch auf die Einkommens- und Vermögensverteilung innerhalb der Länder. Die personelle Einkommens- und Vermögensverteilung steht seit einiger Zeit wieder stärker im Zentrum der ökonomischen Betrachtung – insbesondere durch die Arbeiten von Thomas Piketty, der gezeigt hat, dass ein großer Teil des weltweiten Vermögens in der Hand von einigen wenigen Prozent der Weltbevölkerung ist. Piketty hat jedoch bei seiner Betrachtung wichtige Komponenten der Vermögensverteilung nicht erfasst, etwa die Verteilung von Land als auch die der fossilen und erneuerbaren Ressourcen. Diese Aspekte sind aber von grundlegender Bedeutung, weil die Vernichtung des Naturkapitals, etwa der Fischbestände, die zunehmende Unfruchtbarkeit von Böden oder die Verschmutzung der Wasserressourcen vor allem die Armen trifft. Aus diesem Grund besteht eine zentrale Aufgabe der Wissenschaft darin, Klimapolitik nicht ausschließlich als Umweltpolitik zu begreifen, sondern die Folgen der Klimapolitik für die gesamte Verteilung des Natur-, Human- und Kapitalvermögens zu erfassen. Um weiterhin relevant für die Entscheidungsträger zu bleiben, wird der IPCC in seinem nächsten Sachstandsbericht diese Daten auf nationaler Ebene bereitstellen müssen, ebenso wie die Kosten, Nutzen und Risiken politischer Maßnahmen.

Narrative der Klimapolitik

Dieses Buch betrachtet die Lösungsstrategien der Klimapolitik vor allem aus einer ethischen und ökonomischen Perspektive. Dabei haben wir die Bedeutung von CO_2-Preisen für effektive Emissionsminderungen betont: Sie sind notwendig, so unser Argument, um die vermehrte Nutzung erneuerbarer Energien zu ermöglichen und den Einsatz fossiler Energieträger zu bestrafen. Der Divestment-Bewegung haben wir z. B. gute Absichten attestiert, die aber nur dann ihre Wirksamkeit entfalten können, wenn CO_2 einen angemessenen Preis erhält. Nicht alle teilen diese Perspektive. Erstens wird gegen die Anwendung von Preisinstrumenten die Notwendigkeit von Verboten und Geboten betont, um sicherzustellen, dass das Erdsystem nicht über seine natürlichen Grenzen hinaus («Planetary Boundaries») belastet wird. Wer Klimaschutz vor allem als eine Frage der Gerechtigkeit zwischen armen und reichen Ländern sowie zwischen heutigen und zukünftigen Generationen begreift, wird wenig Verständnis dafür aufbringen – so der zweite Einwand –, wenn ethische Fragen durch Angebot und Nachfrage auf Märkten entschieden werden. Drittens übt man oft daran Kritik, dass Marktpreise unsere natürliche Umwelt zu einem handelbaren Gut degradieren, welches der kapitalistischen Verwertungslogik und somit seinem ungehemmten Verbrauch unterworfen wird. Und viertens sind Einwände zu hören, dass durch Preissignale individuelle Tugenden, wie beispielsweise Verzicht auf Flugreisen oder klimafreundliche Ernährung, untergraben werden.

Jede dieser Perspektiven beleuchtet Aspekte, die für die Klimapolitik von zentraler Bedeutung sind und eine ausführlichere

Diskussion verdient hätten, als es im knappen Umfang dieses Buches möglich ist. Wir sind jedoch auch der Ansicht, dass keine dieser Perspektiven unserer Empfehlung widerspricht, Preissignale als notwendiges Instrument der Klimapolitik einzusetzen. Im Gegenteil: Wir glauben, dass sie eine Voraussetzung sind, um diesen Perspektiven Rechnung zu tragen: So ist ein Preis für Kohlenstoff, der sich entweder direkt durch eine Steuer oder indirekt als Resultat handelbarer Emissionsmengen ergibt, eine kostengünstige und politisch gangbare Möglichkeit, um die Einhaltung planetarischer Grenzen zu gewährleisten. Ein Verbot der Kohlenutzung würde zwar Kraftwerke stilllegen, aber damit hätte man die vermehrte Nutzung von Gaskraftwerken noch nicht verhindert: Trotz des verhängten Verbotes kann dies zu einem Überschreiten des Emissionsbudgets führen. Ein solches Verbot der Kohlenutzung würde weitere Verbote, beispielsweise von Gaskraftwerken, nach sich ziehen, was nur zu erheblichen Kosten möglichen wäre.

Direkte Zielvorgaben für einzelne Sektoren und Industrien erhöhen die Kosten der Klimapolitik – und damit auch den politischen Widerstand. Kosteneffizienz ist somit eine ethische Forderung, weil für jeden Euro, den die Gesellschaft bereit ist, für Klimaschutz auszugeben, die größtmögliche Emissionsminderung erzielt werden kann. Die Verletzung der Kosteneffizienz bedeutet Verschwendung – Mittel, die für den Klimaschutz oder andere gesellschaftliche Ziele nicht mehr eingesetzt werden können. In einer Welt der Knappheit ist Verschwendung aus ethischen Gründen nicht akzeptabel. Wer planetarische Belastungsgrenzen festlegt, will die Nutzung der Atmosphäre, der Ozeane, des Bodens begrenzen. Diese Grenzen können der Stabilität des Erdsystems ebenso geschuldet sein wie ethische Grenzen, die Teile der «Natur» dem menschlichen Gebrauch entziehen wollen. So begrenzt ein Preis für Kohlenstoff die Nutzung der Atmosphäre, weil die Nutzung fossiler Energieträger teurer wird. Ohne diesen Preis spielte für die Besitzer von Kohle, Öl und Gas das Klimaproblem in ihrem Nutzungskalkül keine Rolle. CO_2-Preise setzen Märkten daher Grenzen, um eine ungehemmte Ausbeutung der Atmosphäre zu verhindern.

Anstatt den ungezügelten Markt auf Bereiche des Lebens auszudehnen, in denen Märkte keine Rolle spielen sollten, bilden sie also einen Rahmen für eine Marktordnung, in der nachhaltiges Wirtschaften erst möglich wird.

Ein CO_2-Preis übersetzt die moralische Frage der Gerechtigkeit in die Sprache der Ökonomie, weil er den Verursachern der Klimaschäden die Verantwortung für die Emissionsminderung zuweist. Ansonsten müssten die Geschädigten des Klimawandels die Verursacher dafür bezahlen, ihre Emissionen zu vermindern – eine ethisch wenig plausible Forderung. Zwar entscheiden bei einem Preis für Kohlenstoff Unternehmen und Konsumenten darüber, wo Emissionen eingespart werden, die Entscheidung über die Höhe des Preises und die Verwendung der daraus resultierenden Einnahmen obliegt aber der Gesellschaft. Man kann die Einnahmen dazu verwenden, andere Steuern zu senken oder Gruppen, die durch die Klimapolitik benachteiligt werden, zu entschädigen. Ein demokratischer Prozess der festlegt, wem welche Kosten zum Schutz des globalen Klimas abverlangt werden können, muss darüber entscheiden.

Und hier kommen der Lebensstil, die Werte und Präferenzen der Wähler ins Spiel: Ein CO_2-Preis kann nur eingeführt werden, wenn dies ausreichend viele Menschen unterstützen und sie durch ihr Verhalten Politikern ihre Bereitschaft signalisieren, die Kosten der Klimapolitik zu tragen. Auch diejenigen, die ihren Lebensstil schon verändert haben, müssten für die Einführung von CO_2-Preisen eintreten, weil andernfalls ihr Beispiel ins Leere läuft: ihre eingesparten Emissionen werden an anderer Stelle wieder ausgestoßen. Ohne CO_2-Preise führten Lebensstilveränderungen in einen Fatalismus, der im Zynismus endete. Denn erst durch einen CO_2-Preis gelingt es, dass klimafreundliches Verhalten auch tatsächliche Emissionsminderungen zur Folge hat. Es geht also nicht um den Gegensatz von Markt und Moral, sondern darum, wie Markt und Moral sich gegenseitig verstärken: Ohne Lebensstiländerungen ist die Einführung von CO_2-Preisen aussichtslos; ohne CO_2-Preise sind individuelle Lebensstiländerungen wirkungslos.

Ausblick

Die Kartographie alternativer Pfade könnte die Befürchtung nähren, die Wissenschaft werde zahnlos, weil sie keine ausschließlichen Empfehlungen abgibt, sondern sich im Dickicht ihrer Wenn-dann-Aussagen verliert. Mit dieser zahnlosen Wissenschaft hätten die Regierungen ein leichtes Spiel, wenn es darum geht, missliebige Erkenntnisse zu neutralisieren oder gar zu eliminieren. Aber so einfach ist das auch für mächtige Regierungen nicht. Denn wissenschaftliche Erkenntnisse kann man nicht mit einem bloßen Machtwort manipulieren. Regierungen können in der Debatte mit der Wissenschaft nicht mehr ausschließlich auf Macht und Interesse rekurrieren, sondern müssen sich auf Wahrheit, Objektivität, Fakten und Werte beziehen. Als Regierungen Teile des letzten IPCC-Sachstandsberichts ignorieren oder streichen wollten, wurde für die Öffentlichkeit deutlich, welche Einsichten den Regierungen nicht ins Konzept passten; dies vergrößerte das Interesse der Öffentlichkeit gerade an diesen Erkenntnissen und führte zu einer breiten Diskussion. Auch in Zukunft wird mit allen Mitteln der politischen Kunst über die Implikationen der wissenschaftlichen Erkenntnisse gefeilscht werden, was Wissenschaftler oft an ihre physischen und psychischen Grenzen bringt. Aber dem Zwang des besseren Arguments werden sich Regierungen auf Dauer nicht entziehen können. Gerade dafür liefert die Klimapolitik herausragende Beispiele – selbst ölexportierenden Ländern wie Saudi-Arabien oder Unternehmen wie Exxon ist es nicht gelungen, die Tatsache des menschengemachten Klimawandels dauerhaft zu leugnen.

Die vielleicht größte Herausforderung wird die Klimapolitik in Zeiten wachsender Ungleichheiten meistern müssen. Eine effektive und ambitionierte Klimapolitik wird nur dann möglich sein, wenn sich die Weltgemeinschaft zu einer CO_2-Bepreisung durchringen kann. Diese Politik stößt sowohl auf internationaler als auch auf nationaler Ebene auf Widerstände. Wir haben dafür plädiert, dass es auf internationaler Ebene nur dann eine Einigung wenigstens auf einen Mindestpreis geben kann, wenn zugleich ein Lastenausgleich zwischen armen und reichen Ländern stattfindet. Dieser internationale Finanzausgleich soll die Bereitschaft zur Kooperation erhöhen. Auf nationaler Ebene werden Widerstände entstehen, weil Politiker befürchten, dass sie damit die Gruppen mit niedrigem Einkommen besonders benachteiligen. Sowohl eine Reform der Einkommenssteuer als auch Infrastrukturinvestitionen in Trinkwasserversorgung, saubere Energie, in das Gesundheitswesen und Sanitäranlagen vor allem in den Entwicklungsländern können aber den Zielkonflikt zwischen Klimaschutz und Armutsbekämpfung abmildern. Es ist möglich, Klimapolitik so auszugestalten, dass sie die Ungleichheit wenigstens vermindern kann. Die internationale Staatengemeinschaft hat noch nicht ausreichend erkannt, in welchem Umfang durch eine CO_2-Bepreisung die Mittel für die Finanzierung der Sustainable Development Goals (SDGs) verfügbar wären. Ein CO_2-Preis von 50 US\$ pro Tonne CO_2-Äquivalent würde Einnahmen in der Größenordnung von 3 % des weltweiten Sozialprodukts mobilisieren. Es wäre naiv zu glauben, dass durch die Klimapolitik alle ungerechten Ungleichheiten beseitigt werden können. Aber mit diesen Mitteln ließen sich gerade jene Freiheitsrechte für die Armen erweitern, die ihnen bislang verwehrt sind.

***

Donald Trump, der während des Wahlkampfes gegen jedwede Klimapolitik polemisiert hat, wurde am 8. November 2016 zum 45. Präsidenten der Vereinigten Staaten von Amerika gewählt. Gleich zu Beginn seiner Amtszeit ernannte er Scott Pruitt, der im Auftrag der fossilen Industrie gegen die Environmental Protection Agency (EPA) Prozesse geführt hat und sich hartnäckig weigert, die wissenschaftlichen Fakten zum Klimawandel zur Kenntnis zu nehmen, zum Chef der EPA. Ebenso wurde der unter der Obama-Administration verabschiedete Clean Power Plan zurückgenommen, welcher zum Ziel hatte, bis 2030 die Emissionen aus dem Stromsektor um etwa 32 % unter den Wert des Jahres 2005 zu senken. Im Juni 2017 folgte dann auch noch die Ankündigung, dass die USA planen, sich aus dem Paris-Abkommen zurückzuziehen. Aufgrund der vertraglich festgelegten Kündigungsfrist könnte dies frühestens am 4. November 2020, einen Tag nach der nächsten Präsidentschaftswahl, geschehen. Als Begründung für den geplanten Rückzug wurde angeführt, dass die USA nicht weiterhin Kosten für die Durchführung von Maßnahmen übernehmen sollten, von denen vor allem andere Länder profitieren.

Aber nicht nur in den USA stellen sich populistische Parteien gegen ambitionierten Klimaschutz, indem sie diesen als Luxusprojekt einer liberalen Elite porträtieren, welche die Anliegen von Geringverdienern nicht ernst nimmt. So beinhaltete das Wahlprogramm des Ende Oktober 2018 zum neuen Präsidenten Brasiliens gewählten Jair Bolsonaro den Rückzug aus den internationalen Klimaschutzbemühungen, um eine verstärkte Abholzung des Amazonasregenwaldes zu ermöglichen. Und in Frankreich dominierten Ende 2018 die sogenannten «Gelbwesten», deren Protest sich an höheren Spritpreisen im Zuge einer neu eingeführten Ökosteuer entzündete, den politischen Diskurs.

Der Vorwurf, ihr Widerstand gegen Klimapolitik sei irrational, weil damit mit der Zukunft gespielt würde, wird die Populisten kaum treffen: Wahrheit, Rationalität und Legitimation spielen in der Welt der Populisten keine Rolle. Der Populismus ist ja nicht angetreten, um politische Probleme zu lösen, sondern für Probleme Sündenböcke zu finden. Es ist offensichtlich, dass dieses Modell nicht realitätstauglich ist. Die Frage ist nur, wie viel Schaden es anrichtet, bevor auch für die Wähler offensichtlich wird, dass damit die Zukunft nicht gewonnen, sondern verspielt wird.

Weiterführende Literatur

Kapitel 1:

IPCC (2015): Climate Change 2014: Synthesis Report. http://www.ipcc.ch/report/ar5/syr/

Lancet Commission on Health and Climate Change (2015): Health and climate change: policy responses to protect public health. http://www.thelancet.com/commissions/climate-change

Rahmstorf, S., Schellnhuber, H. J. (2007): Der Klimawandel: Diagnose, Prognose, Therapie. 5. Auflage, C.H.Beck

Warszawski, L., Frieler, Huber, V., Piontek, F., Serdeczny, O., Schewe, J. (2014): The Inter-Sectoral Impact Model Intercomparison Project (ISIMIP): Project framework. PNAS, Vol. 111, No., 3228–3232

Kapitel 2:

Burke, M., Solomon, M., Hsiang, E. M. (2015): Climate and Conflict, Annual Review of Economics, Vol. 7: 577–617

Edenhofer, O., Flachsland, C., Hilaire, J., Jakob, M. (2015): Ist unbegrenztes Wachstum in einer begrenzten Welt möglich? Le Monde Diplomatique Atlas der Globalisierung

Global Carbon Project (2016): Global Carbon Budget. http://www.globalcarbonproject.org/carbonbudget/index.htm

IPCC (2014a): Climate Change 2014: Impacts, Adaptation, and Vulnerability IPCC Working Group II Contribution to AR5. http://www.ipcc.ch/report/ar5/wg2/

IPCC (2014b): Climate Change 2014: Mitigation of Climate Change IPCC Working Group III Contribution to AR5. https://www.ipcc.ch/report/ar5/wg3/

IPCC (2018): Special Report Global Warming of 1.5 °C. https://www.ipcc.ch/sr15/

Jakob, M., Steckel, J. C., Edenhofer, O. (2014): Consumption- vs. Production-Based Emission Policies. Annual Review of Resource and Environmental Economics 6

Sinn, H. W. (2008): Das grüne Paradoxon. Plädoyer für eine illusionsfreie Klimapolitik. Econ

Sombart, W. (1928): Der moderne Kapitalismus. Historisch-systematische Darstellung des gesamteuropäischen Wirtschaftslebens von seinen Anfängen bis zur Gegenwart, Bd. III: Wirtschaftsleben im Zeitalter des Hochkapitalismus. Erster Halbband, München und Leipzig

UNEP (2016): The Emission Gap Report. http://web.unep.org/emissionsgap/

Kapitel 3:

Carbon Brief (2018): Analysis: Why the IPCC 1.5C report expanded the carbon budget. https://www.carbonbrief.org/analysis-why-the-ipcc-1-5c-report-expanded-the-carbon-budget

Edenhofer, O., Flachsland, C., Hilaire, J., Jakob, M. (2015): Ist unbegrenztes Wachstum in einer begrenzten Welt möglich? Le Monde Diplomatique Atlas der Globalisierung

Edenhofer, O. (2015): King Coal and the Queen of Subsidies. Science 349 (6254): 1286–1287

Edenhofer, O., Kadner, S., von Stechow, C., Schwerhoff, G., Luderer, G. (2013): Linking climate change mitigation research to sustainable development, In: Atkinson, G., Dietz, S., Neumayer, E. (eds.): Handbook of Sustainable Development. 2nd Revised Edition, 476–499. Edward Elgar

Edenhofer, O., Seyboth, K., Creutzig, F., Schloemer, S. (2013): On the Sustainability of Renewable Energy Sources. In: The Annual Review of Environment and Resources, doi: 10.1146/annurev-environ-051012-145344

IPCC (2014b): Climate Change 2014: Mitigation of Climate Change IPCC Working Group III Contribution to AR5. https://www.ipcc.ch/report/ar5/wg3/, Kapitel 6

Nordhaus, W. D. (2015): Climate Casino: Risk, Uncertainty, and Economics for a Warming World. Yale University Press

Royal Society (2009): Geoengineering the climate: Science, governance and uncertainty. Online erhältlich unter https://royalsociety.org/policy/publications/2009/geoengineering-climate/

Stern, N. (2006): The Economics of Climate Change. The Stern Review. Cambridge University Press

WBGU (2011): Welt im Wandel. Gesellschaftsvertrag für eine Große Transformation. Online erhältlich unter http://www.wbgu.de/fileadmin/templates/dateien/veroeffentlichungen/hauptgutachten/jg2011/wbgu_jg2011.pdf

Kapitel 4:

Barrett, S. (2007): Why Cooperate?: The Incentive to Supply Global Public Goods. Oxford University Press

BMUB (2016): Klimaschutzplan 2050. http://www.bmub.bund.de/themen/klima-energie/klimaschutz/nationale-klimapolitik/klimaschutzplan-2050/

BMWi (2015): Die Energie der Zukunft. Vierter Monitoring-Bericht zur Energiewende. https://www.bmwi.de/BMWi/Redaktion/PDF/V/vierter-monitoring-bericht-energie-der-zukunft,property=pdf,bereich=bmwi2012,sprache=de,rwb=true.pdf

Cramton, P., MacKay, D. J. C., Ockenfels, A., Stoft, S. (2017): Global Carbon Pricing. The Path to Climate Cooperation. MIT Press

Delbeke, J., Vis, P. (eds.) (2015): EU Climate Policy Explained. Routledge

Edenhofer, O., Flachsland, C., Kornek, U. (2016): Koordinierte CO_2-Preise: zur Weiterentwicklung des Pariser Abkommens. In: Sommer, J., Müller, M. (Hrsg): Unter 2 Grad? Was der Weltklimavertrag wirklich bringt. Hirzel

Edenhofer, O., Flachsland, C., Jakob, M., Lessmann, K. (2013): The Atmosphere as a Global Commons – Challenges for International Cooperation and Governance, In: Semmler, W., Bernard, L. (eds.): The Handbook on the Macroeconomics of Climate Change, Oxford University Press

Edenhofer, O., Flachsland, C., Brunner, S. (2011): Wer besitzt die Atmosphäre? Zur Politischen Ökonomie des Klimawandels. In: Leviathan 39(2), S. 201–221

Heede, R. (2014): Tracing anthropogenic carbon dioxide and methane emissions to fossil fuel and cement producers, 1854–2010. Climatic Change, Volume 122, Issue 1, 229–241

Howe, J. P. (2014): Behind the Curve: Science and the Politics of Global Warming. University of Washington Press

Koch, N., Grosjean, G., Fuss, S., Edenhofer, O. (2016): Politics matters: Regulatory events as catalysts for price formation under cap-and-trade, Journal of Environmental Economics and Management, Vol. 78, 121–139

Kommission «Wachstum, Strukturwandel und Beschäftigung» (2019): Abschlussbericht. https://www.kommission-wsb.de/WSB/Redaktion/DE/Downloads/abschlussbericht-kommission-wachstum-strukturwandel-und-beschaeftigung-2019.pdf?_blob=publicationFile&v=5

Papst Franziskus (2015): Enzyklika Laudato si'. Über die Sorge für das gemeinsame Haus. Verlautbarungen des Apostolischen Stuhls Nr. 202. Online unter: http://www.dbk.de/fileadmin/redaktion/diverse_downloads/presse_2015/2015-06-18-Enzyklika-Laudato-si-DE.pdf

Repenning, J., Schumacher, K., Bergmann, T., Blanck, R., Böttcher, H., Bürger, V., ...

Wirz, A. (2019): Folgenabschätzung zu den ökologischen, sozialen und wirtschaftlichen Folgewirkungen der Sektorziele für 2030 des Klimaschutzplans 2050
der Bundesregierung. Retrieved from https://www.oeko.de/fileadmin/oekodoc/
Folgenabschaetzung-Klimaschutzplan-2050-Endbericht.pdf

Stavins, R. N., Stowe, R. C. (2016): The Paris Agreement and Beyond: International
Climate Change Policy Post-2020. Cambridge, Mass.: Harvard Project on Climate
Agreements. (http://www.belfercenter.org/sites/default/files/files/publication/2016-
10_paris-agreement-beyond_v4.pdf)

Kapitel 5:

Carraro, C., Edenhofer, O., Flachsland, C., Kolstad, C., Stavins, R., Stowe, R. (2015):
The IPCC at a crossroads: Opportunities for reform, Science, Vol. 350, Issue 6256,
34–35

Dryzek, J. O. (2013): The Politics of the Earth. Environmental Discourses. 3rd edition.
Oxford University Press

Edenhofer, O., Kowarsch, M. (2015): Cartography of pathways: A new model for
environmental policy assessments, Environmental Science & Policy (51): 56–64

Edenhofer, O., Seyboth, K. (2013): Intergovernmental panel on climate change. In:
Shogren, J. F. (ed.) Encyclopedia of energy, natural resource and environmental economics, Volume 1 (Energy): 48–56

Hulme, M. (2014): Streitfall Klimawandel: Warum es für die größte Herausforderung
keine einfachen Lösungen gibt. Oekom Verlag

InterAcademy Council (2010): Climate change assessments. Review of the processes and
procedures of the IPCC. http://reviewipcc.interacademycouncil.net/report/Climate
%20Change%20Assessments,%20Review%20of%20the%20Processes%20
&%20Procedures%20of%20the%20IPCC.pdf

Kowarsch, M. (2016): A Pragmatist Orientation for the Social Science in Climate
Policy. How to Make Integrated Economic Assessment Serve Society. Springer

Piketty, T. (2014): Das Kapitel im 21. Jahrhundert. C.H.Beck

Oreskes, N., Conway, E. M. (2015): Vom Ende der Welt: Chronik eines angekündigten Untergangs. Oekom Verlag

Weber, M. (1972): Wirtschaft und Gesellschaft. Grundriss der verstehenden Soziolo-
gie. Fünfte Auflage: Mohr Siebeck

Quellen für Daten und Grafiken

BMUB (2016): «Klimaschutzplan 2050.» http://www.bmub.bund.de/fileadmin/Daten_
BMU/Download_PDF/Klimaschutz/klimaschutzplan_2050_bf.pdf

BMWi (2016): *Energiedaten.* http://www.bmwi.de/DE/Themen/Energie/Energiedaten-
und-analysen/Energiedaten/energiegewinnung-energieverbrauch.html

CAIT (2014): Climate Analysis Indicators Tool: WRI's Climate Data Explorer. http://
www.wri.org/resources/data-sets/cait-country-greenhouse-gas-emissions-data

CDIAC (2015): Global Carbon Project. http://cdiac.ornl.gov/GCP/

– (2016): Global Fossil-Fuel CO_2 Emissions. http://cdiac.ornl.gov/trends/emis/tre_
glob_2013.html

Edenhofer, O., Flachsland, C., Hilaire, J., Jakob, M. (2015): Ist unbegrenztes Wachstum in einer begrenzten Welt möglich? Le Monde Diplomatique Atlas der Globalisierung

GGDC (2010): The Maddison Project. http://www.ggdc.net/MADDISON/oriindex.htm

Grainger, C., Kolstad, C. (2010): «Who Pays a Price on Carbon?», Environmental &
Resource Economics 46 (3): 359–76

ICE Futures (2016): ICE Futures Europe. https://www.theice.com/futures-europe

IEA (2013): World Energy Statistics. Paris, France

IIASA (2018): IPCC SR1.5 Scenario Database. https://db1.ene.iiasa.ac.at/IPCCSR15DB/dsd?Action=htmlpage&page=about#access

IPCC (2014a): Climate Change 2014: Impacts, Adaptation, and Vulnerability IPCC Working Group II Contribution to AR5. http://www.ipcc.ch/report/ar5/wg2/

– (2014b): «Climate Change 2014: Mitigation of Climate Change IPCC Working Group III Contribution to AR5.» https://www.ipcc.ch/report/ar5/wg3/

Luderer, G., Vrontisi, Z., Bertram, C., Edelenbosch, O. Y., Pietzcker, R. C., Rogelj, J., Sytze De Boer, H. et al. (2018): «Residual Fossil CO_2 Emissions in 1.5–2 °C Pathways.» Nature Climate Change 8 (7): 626–33. https://doi.org/10.1038/s41558-018-0198-6

Weltbank (2016): World Development Indicators. http://databank.worldbank.org/data/reports.aspx?source=world-development-indicators

Alle in diesem Buch enthaltenen Abbildungen sowie
Links zu den Literaturangaben sind online verfügbar
unter www.mcc-berlin.net/klimabuch

Register